高等院校艺术设计类"十四五"新形态特色教材

服务设计与创新实践

主　编　韩冬楠　张　博
副主编　赵云彦　尤立思　苗　秀
　　　　刘美君　郭媛媛　靳晓东

微课
视频版

中国水利水电出版社
www.waterpub.com.cn
·北京·

内容提要

本书从服务经济、服务创新、服务方法与工具以及服务设计实践四个方面进行深入解析,对服务设计的基本原理和思维模式进行梳理。本书结合了大量的实践案例,将理论与实践有机结合,便于学生更好地理解掌握核心要义。全书分为6章,内容包括服务设计背景、服务设计界定、服务设计的内容与类型、服务设计的方法与工具、商业服务创新设计实践、社会服务创新设计实践。

本书可供服务设计相关专业的师生和从业者阅读参考。

图书在版编目(CIP)数据

服务设计与创新实践 / 韩冬楠等主编. -- 北京:中国水利水电出版社,2023.2
高等院校艺术设计类"十四五"新形态特色教材
ISBN 978-7-5226-1293-5

Ⅰ.①服… Ⅱ.①韩… Ⅲ.①商业服务-服务模式-高等学校-教材 Ⅳ.①F719

中国国家版本馆CIP数据核字(2023)第028853号

书　　名	高等院校艺术设计类"十四五"新形态特色教材 **服务设计与创新实践** FUWU SHEJI YU CHUANGXIN SHIJIAN
作　　者	主　编　韩冬楠　张　博 副主编　赵云彦　尤立思　苗　秀　刘美君　郭媛媛　靳晓东
出版发行	中国水利水电出版社 (北京市海淀区玉渊潭南路1号D座　100038) 网址:www.waterpub.com.cn E-mail:sales@mwr.gov.cn 电话:(010)68545888(营销中心)
经　　售	北京科水图书销售有限公司 电话:(010)68545874、63202643 全国各地新华书店和相关出版物销售网点
排　　版	中国水利水电出版社微机排版中心
印　　刷	清淞永业(天津)印刷有限公司
规　　格	210mm×285mm　16开本　8.75印张　285千字
版　　次	2023年2月第1版　2023年2月第1次印刷
印　　数	0001—2000册
定　　价	**39.00元**

凡购买我社图书,如有缺页、倒页、脱页的,本社营销中心负责调换

版权所有·侵权必究

"行水云课"数字教材使用说明

"行水云课"教育服务平台是中国水利水电出版社全力打造的"内容"＋"平台"的一体化数字教学产品。平台包含高等教育、职业教育、职工教育、专题培训、行水讲堂五大版块，旨在提供一套与传统教学紧密衔接、可扩展、智能化的学习教育解决方案。

本套教材是整合传统纸质教材内容和富媒体数字资源的新型教材，将大量图片、视频、课件等教学素材与纸质教材内容相结合，用以辅助教学。读者可通过扫描纸质教材二维码查看与纸质内容相对应的多媒体资源，完整的数字教材及其配套数字资源可通过移动终端 APP、"行水云课"微信公众号或中国水利水电出版社"行水云课"平台 www.xingshuiyun.com 查看。

内页二维码具体标识如下：

- Ⓜ为微课视频
- 🖻为课件

序

服务设计不仅仅是生意，而还应为人类可持续生存繁衍担当！工业革命开创了一个新时代，工业设计正是这个大生产革命性创新时代的生产关系。但这"存在"的另一面，功利化的工业化经济迅速地被大众市场所拥抱，从而孕育了人类"新"的世界观——为推销、逐利、霸占资源而生产，这似乎已成为当今世界一切的一切的动力！但是工业设计的客观本质——"创造人类公平地生存"却被商业一枝独秀地异化了！

当今科学技术的发展如火如荼，科技给人类带来福祉的同时也带来潜伏的灾难。人类的未来难道就蜕变成只有脑袋和手指吗？科技绝不是人类生存的目的，仅仅是手段。我们常常会在追求"目的"的途中被"手段"俘虏了。科技不是目的！它仅仅是被人类实现目的而需选择、被整合的手段。但商业唯利是图的诱惑太让人难以抗拒了，这个世界到处醉心于"商业模式"，一切具有生命力比设计创新都被利润扭曲了，继续在诱引人类无休止地消费、挥霍、占有！

"服务设计思维"在全球虽仅有着20多年的发展历程，但在全球产业服务化的大趋势下，"服务设计"作为一门新兴的、跨专业的学科方向，已经或正在成为个人和组织在服务战略、价值创新和用户体验创新等层面迫在眉睫的需求。我们倡导中国设计界、学术界和产业界以及具有共识的组织和个人，结合中国文化与社会发展实践，共同建构中国特色的服务创新理论和方法，以"为人民服务"为宗旨，共同开启中国服务设计的新纪元。

20世纪80年代以来，服务业的比重从60%上升到80%，全球经济呈现出从工业经济向服务经济转型的总趋势。服务经济是服务业占主导地位的经济形态，是继农业经济、工业经济之后社会生产力进一步发展的新的经济时代。

自2017年以来，我国服务业增长率就已经超过GDP增长率，尤其是在一系列顶层设计规划的支持下，例如"互联网+"战略、数字经济发展和共享经济发展理念等，致使我国服务业已经成为经济发展的重要引擎与驱动力，在创造税收、新设市场主体、吸纳就业及对外贸易等重要领域全面领跑。目前我国部分服务行业已全球领先，从"跟跑"状态转变为"领跑"飞跃，如移动支付、交通运输、5G信息技术以及快递产业等。伴随着我国供给侧结构性改革的不断深入实施以及"十四五"战略的全面部署，发展服务经济具有重大意义。

但是当前世界领域的"服务设计"基本仍局限于为逐利的工具、技术层面的探讨，至多是策略层面的研究，忽略了"服务设计"最根本的价值观——提倡分享的使用、公平的生活方式！这个价值观的升华才是已发展了百年多"工业设计"真正的归宿。

我们既要发挥服务设计是创造和拉动中国市场和社会进步的新的强大力量；也要运用服务设计是联合现代科技创新，实现共创共赢的新的有力工具；还要将服务设计作为中国乃至世界文化和产业的新活力。但是服务设计的根本目的决不能忽视！否则我们会舍本求末。

"服务设计"诠释了"设计"最根本的宗旨是"创造人类社会健康、合理、共享、公平的生存方式"。人类的文明发展史是一个不断调整经济、技术、商业、财富、分配与伦理、道德、价值观、人类社会可持续生存的过程。服务设计聚焦了设计的根本目的不是为了满足人类占有物质、资源的欲望，而是服务于人类使用物品、解决生存、发展的潜在需求。这正是人类文明从"以人为本"迈向"以生态为本"价值观的变革，所以分享型的服务设计开启了人类可持续发展的希望之门。

本书提供了一个基于服务主导逻辑的更广泛的服务创新视角，它超越了困扰该领域现有研究的有形－无形和生产者－消费者鸿沟。这种扩展的服务创新概念强调：

（1）创新是发生在行动者对行动者（A2A）网络中的协作过程。

（2）服务是为了另一个行动者或自身的利益而应用专业能力，以及作为一切交换的基础。

（3）通过增加资源液化和资源密度释放的生产力。

（4）资源整合作为创新的根本途径。

基于这些核心主题，我们提供了服务创新的三方框架：① 服务生态系统，作为新兴的 A2A 结构，行动者通过他们的有效行动进行创造和再创造，并为行动者交换服务和共同创造价值提供了组织逻辑；②服务平台，通过液化资源和增加资源密度（便于获得合适的资源包）来提高服务交换的效率和效果，从而成为创新的场所；③价值共创，将价值视为由服务提供者和服务受益者（例如客户）。通过资源整合共同创造的，并表明需要支持底层角色和流程的机制。

本书结合了工作室教师和学生多年的理论学习和项目实践经验。本书作为服务设计的教材，从服务经济、服务创新、服务设计的方法与工具以及服务设计实践四个方面做了翔实的阐述，以期为从事服务设计方向的读者提供参考，并寄希望于中国设计界的有识之士，端正对设计目标和价值的认识，规避"跟老外"、追时髦、一窝蜂、跑"部"向钱的陋习，认真、踏实、实事求是地研究中国国情和中国百姓的潜在需求，探索中国社会全面发展的路径。真正发挥"设计"对科技、商业的博弈功能，尽早实现中华民族复兴之梦。

柳冠中
2022 年 9 月 13 日

自序

内蒙古科技大学艺术与设计学院设计学专业改革自2015年开始已六年有余，其中工作室的成立是此次改革的主要内容。本着打破专业壁垒、凝聚研究资源、服务本地经济的初心，学院起初共设立了四个工作室，服务设计与创新实践工作室也是其中之一，6年来该工作室五位教师通过自身的不断钻研和学生一同在新研究方向——服务设计领域不断探索，在教学方面形成了一些服务设计理论。现在来看，服务设计的相关方法和工具在大学生创新创业实践中具有重要的指导意义，在社会服务和商业企业创新发展中具有显著的实践意义。

2014年，工作室的教师和学生开始投入牧区牧民生活方式研究，连续两年对牧区经济、社会和文化进行研究，我们将目光集中在了那些牧区年轻人，发现了牧区年轻人从大城市返乡所面临的生活问题：牧区交通的不便、人际交往的缺失、娱乐方式的匮乏，使得他们的幸福感往往偏低，和这些年轻的牧民成为朋友后，师生们都在不约而同地思考，我们能为他们做点什么？

2016年，工作室的师生们总结了前期的人群调研和文化研究资料，产生了利用牧区文化资源，依托旅游业为牧区年轻牧民设计一套创业模式的想法，最后将这个项目定位为——"内蒙古牧区民宿文化旅游服务系统"，通过一年的协同设计，整个服务系统基本完成。这个项目后期获得了"第三届全国工业设计大赛最具投资价值大奖""首届鄂尔多斯国际设计大奖""第三届互联网＋全国总决赛银奖"在内的20多个全国大奖，主创学生成立了自己的创业公司，相关体验项目和产品均已落地内蒙古牧区民宿旅游市场。

此后，工作室继续将研究方向聚焦在内蒙古乡村（牧区）民生和产业发展领域，相继完成了"内蒙古包头市水泉村民宿旅游服务设计""内蒙古包头市缸房地村卓越蒙森田园综合体服务系统设计""蹄哒牧骑——内蒙古牧区与城市马产业服务系统设计""内蒙古牧区冬季民宿旅游服务系统设计"等多个项目，这些项目促进了内蒙古旅游的新业态，增加了牧区人民的收入，有力地带动了当地旅游产业的发展。

本书共6章，由内蒙古科技大学韩冬楠教授和张博老师担任主编，参加编写的还有内蒙古科技大学赵云彦、尤立思、苗秀、刘美君、郭媛媛和靳晓东。本书结合了工作室教师和学生多年的理论学习和项目实践经验。从服务经济、服务创新、服务设计的方法与工具以及服务设计实践四个方面做了翔实的阐述，以期为服务设计方向读者提供参考。

韩冬楠

2022 年 10 月

目录

序

自序

第 1 章　服务设计背景 1

    1.1　服务经济 1

    1.2　新的设计方向——服务创新 5

    思考题 13

第 2 章　服务设计界定 14

    2.1　服务设计中的服务 14

    2.2　服务设计的发展历史与研究现状 18

    2.3　服务设计的边界 22

    思考题 23

第 3 章　服务设计的内容与类型 24

    3.1　服务设计的内容 24

    3.2　产品服务系统策略 27

    3.3　服务设计中的三个关键因素 27

    3.4　服务生命周期 28

    3.5　用户行为与商业行为 28

    思考题 29

第 4 章　服务设计的方法与工具 30

    4.1　人物角色 31

    4.2　服务情境 34

    4.3　用户体验旅程图 35

    4.4　用户访谈 37

    4.5　问卷调研 40

    4.6　服务生态 41

4.7	服务蓝图	43
4.8	SET 分析	49
4.9	低保真原型	50
4.10	参与式设计	56
4.11	可用性测试	57
4.12	服务评价	58
4.13	其他评价方法	58
思考题		59

第 5 章 商业服务创新设计实践 — 60

5.1	服务设计与商业设计	60
5.2	服务设计在商业创新中的角色与作用	61
5.3	如何进行商业模式设计	63
5.4	商业因服务而强大	66
5.5	商业计划书——"蹄哒牧骑"牧区民宿旅游下的马文化服务	69
5.6	"骑驭记"马产业服务领域综合方案提供商项目介绍	76
5.7	商业模式	88
5.8	营销策略	90
5.9	推广策略	93
5.10	财务分析	94
5.11	就业带动情况	97
思考题		97

第 6 章 社会服务创新设计实践 — 98

6.1	服务设计与社会服务	98
6.2	社会服务的发展现状	99
6.3	社会服务创新项目概述	100
6.4	社会创新设计实践	101
6.5	老有所"依"——防治老年人阿尔茨海默症的情感关怀交互产品设计研究	107
6.6	校园公共交流体验设计——内蒙古科技大学"感知"公共交流空间服务设计	111
思考题		125

参考文献 — 127

第 1 章
服务设计背景

●学习内容

服务经济和服务创新在不同行业的应用。

●学习目标

本章介绍了服务经济发展的背景与现状,举例说明了服务创新在不同行业的应用、现状,使学生对服务设计产生和发展的经济与产业背景有较全面的了解,能够联系地看待服务创新与各行业发展的关系。

1.1 服务经济

1.1.1 服务经济定义

20 世纪 80 年代以来,服务业的比重从 60% 上升到 80%,全球经济呈现出从工业经济向服务经济转型的总趋势。服务经济是服务业占主导地位的经济形态,是继农业经济、工业经济之后社会生产力进一步发展的新的经济时代。服务经济的主要特征体现在产业结构服务化,以生产性服务业为代表的高端服务业对社会生产活动的深度介入和主导作用等方面。在服务经济时代,产业结构、生产方式、组织形式和创新模式等社会生产实践发生了深刻的变革。服务经济的本质是知识经济,是以知识创新和知识扩展为主要驱动力的经济形态。如果说服务既是创新的重要源泉,是支撑创新的平台和整合全部创新的重要工具,那么,服务创新就是引领经济发展的重要引擎。

虽然服务经济发展已经经历了半个多世纪,但是学术界尚未对服务经济的定义以及内涵进行统一界定。《维基百科全书》是这样理解服务经济的:从宏观来看,服务业的比重在整个经济体中占据主导地位;从微观来看,企业的生产增值链条中服务的贡献率越来越高,许多产品越来越向服务转型。当这两种现象出现一种或者同时出现时,则该经济体便可以被认为是服务经济。百度百科对于服务经济的解释为:"服务经济是指服务经济产值在 GDP 中的相对比重超过 60% 的一种经济状态,或者说,服务经济是指服务经济中的就业人数在整个国民经济就业人数中的相对比重超过 60% 的一种经济态势。"在当前,较为主流的服务经济定义分别是从 GDP 贡献率、产业属性以及发展阶段三个角度出发。例如,当一国的服务产业对 GDP 的贡献率达到 50% 以上时,就可以将当前社会经济发展称为服务经济社会;当经济发展经历了农业经济和工业经济之后,所产生的新型经济模式被称为服务经济;或者现存的经济发展模式与农业经济和工业经济发展模式在属性和性质上具有显著区别时的经济模式,也可称为服务经济。

1.1.2 服务经济演变过程

服务经济概念在 20 世纪 90 年代进入我国,在服务经济发展初期,主要从产业结构角度出发强调大城市产业结构调整升级问题,侧重于以服务产业取代工业发展。伴随着中国经济高速发展,服务经济在我国的应用领域得以扩展,不仅在宏观领域得到发展,同时也渗透到微观领域,影响了产品的生产以及服务(图 1.1)。从服务经济的影响范畴可知,服务经济的内涵是随着社会经济发展而不断变化的,它是以知识和信息等技术要素为核心,再加上法律以及市场推动力,将服务产品资源作为经济发展的基础模式。

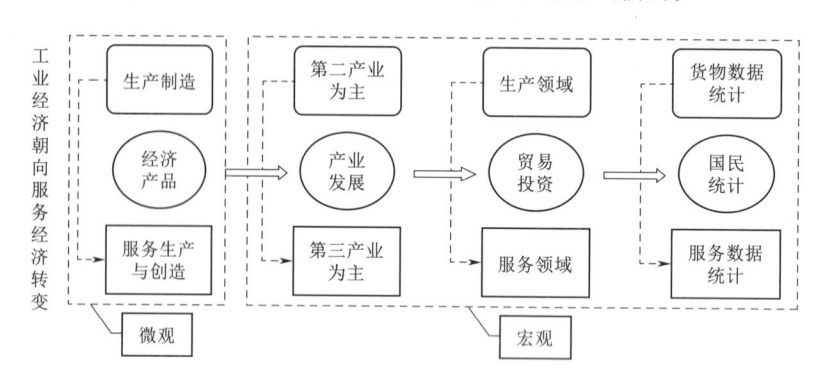

图 1.1 服务经济发展演变

服务经济也属于传统经济学领域,但由于服务经济的融合性与延展性,致使服务经济与传统经济又存在诸多差别特性。例如,服务经济的产品一般是无形的,不能以实际产品来衡量;服务经济的产品生产与消费往往同时发展;服务经济具有较强的异质性;服务经济的支付价格不与实际产出相关联等。具体而言:第一,服务经济加速传统产业质量提升,有利于个性化产品市场的产生。从产业链角度来看,服务经济的融入将加速传统产业链底部生产企业的服务化转型,可从最初的产品标准化生产转变为产品定制化生产。第二,服务经济提升传统经济发展模式,其融合性会模糊不同产业之间的界限,实现产业跨界发展。尤其是对于人的要素而言,在服务经济环境中,服务的生产者也会是消费者,个体具有双重属性。第三,服务经济具有网络化管理和运营特征,扁平化发展是其重要发展趋势。服务经济的发展来自技术进步,尤其是互联网技术的应用与普及,它将加速资源的整合和再分配,实现资源利用效率最大化,经济发展速度和效率更高。第四,服务经济对人才要求更高,服务生产呈现高端化发展趋势。在服务经济环境下,社会生产率将大幅度提升,因此会产生产能过剩问题。此时产品数量不再是市场需求,市场更加看重产品质量,高端产品与定制化服务将成为市场的核心竞争力。

1.1.3 服务经济国内外发展现状

随着中国生产力的不断发展,中国的初级工业制成品与农业产品的产量均有了较大幅度提升,社会资源的投入也从初级低端制造业领域转向服务业领域。例如,中国近年来在互联网、金融等产业领域的社会资源投入明显增加。虽然中国的服务经济发展整体上远落后于西方国家,但是在市场需求与企业的共同促进下,仍然取得了一定的发展成绩。从表 1.1 可知,中国服务业产值从 2010 年以来,整体上保持着与宏观经济同步的增长速度,截至 2020 年服务经济产值已经高达 55 万亿元。服务经济的发展最为直接的体现是居民消费支出的转变,例如,中国居民在具体的服务产品消费类别上有了较大的变化,改革开放初期居民的服务性消费局限于子女教育与医疗领域,而当前居民的服务性消费在旅游、音乐、健身等领域却有了较为明显的增长。

表 1.1　　2010—2020 年中国服务业产值

年份	GDP/亿元	服务业产值/亿元	服务业占比/%	年份	GDP/亿元	服务业产值/亿元	服务业占比/%
2010	401513	170643	44.18	2016	744127	383374	52.36
2011	473104	201069	44.29	2017	820754	425912	52.68
2012	519470	220774	45.46	2018	900309	469575	53.27
2013	568845	241759	46.88	2019	990865	534233	54.27
2014	636463	270496	48.27	2020	1015986	553977	54.53
2015	676708	294367	50.77				

自 2017 年以来，我国服务业增长率就已经超过 GDP 增长率。伴随着我国供给侧结构性改革的不断深入实施以及"十四五"战略的全面部署，发展服务经济具有以下重大意义：

(1) 发展服务经济推动我国工业转型升级，由传统的中国制造转型为中国智造，为全面现代化、智能化社会发展打好坚实基础。长久以来，我国都是制造业大国，但不是制造业强国，其根本原因在于我国制造业在全球产业链中处于中下游部分，生产技术与产品质量和制造业发达国家相比仍有一定差距。此时，服务经济就具有技术创新推动发展作用，通过现代技术的融入，加速传统制造业实现全球化、信息化以及服务化发展。

(2) 转变市场消费类型，打破城乡二元体制。改革开放以来，虽然我国经济发展速度迅猛，国民经济生产总值快速增长，但在消费端，我国居民消费仍以物质型消费为主，消费结构存在不合理问题。其重要原因在于城乡经济发展失衡，使得具有大量人口的农村地区仍然贫穷，无法实现以消费拉动经济增长的目标。对此，可以以服务经济发展为契机，通过绿色消费、旅游休闲消费及农家乐等服务型消费理念提振农村经济发展，缩小城乡收入差距。同时，消费结构的改善与升级还有利于进一步挖掘农村潜力，真正意义上通过扩大内需和拉动消费等方式实现社会经济发展。

(3) 服务经济发展有助于推动我国经济全面结构性变革，由传统的工业主导、要素主导和投资主导的经济发展方式转变为服务驱动、创新驱动及消费驱动的经济发展模式。例如，服务经济的融合特性有利于现代互联网技术与传统制造业加速融合，通过技术提升手段优化生产流程及其组织管理，进而实现传统制造业转向新业态模式发展。同时，服务经济的智能化及其绿色化与可持续化发展理念有助于传统产业创新发展，将知识和技能作为核心竞争力，为传统产业转型和产业结构调整提供新动能。此外，服务经济有助于提升传统制造业产品质量，从供给端提升市场需求，通过培育新消费等形式实现消费驱动发展模式。

1.1.4　服务经济的创新发展模式

服务经济中的创新具有一种"松散的耦合性"，不像制造业那样的制度化，这意味着服务经济应该建立一种更加动态的创新体系。Hipp 具体考察了知识密集型商务服务业（KIBS）在知识经济中所发挥的独特作用。认为它不但是信息传播的组织载体，而且也是信息得以转化从而创造出新知识的组织载体。因而知识密集型服务业是服务经济体中的主要创新力量。从该角度而言，服务经济的创新模式与工业经济有很大的不同，工业经济主要是通过研发投入来推动创新的。Pottsand Mandeville 则把服务经济的创新活动置于 ICT 技术广泛扩散的背景下予以考量。服务经济的创新主要是建立在 ICT 技术的发展上，它使得服务在时间和空间上能够实现分离，从而导致了服务业专业化水平的提高，同时它也导致了制造业的服务化和服务业的制造化。因此，ICT 技术不仅创造出大量的新的产品和服务形式，而且也驱动经济不断地向前发展。

1. 服务设计

服务设计是指有效的计划和组织一项服务中所涉及的人、基础设施、通信交流以及物料等相关因素，从而提高用户体验和服务质量的设计活动。服务设计以为客户设计策划一系列易用、使人满意、值得信赖和有效的服务为目标而广泛运用于各项服务业。服务设计既可以是有形的，也可以是无形的。服务设计将人与其他诸如沟通、环境、行为、物料等相互融合，并将以人为本的理念贯穿于始终。

简单来说，服务设计是一种设计思维方式，使得人与人一起创造与改善服务体验，这些体验随着时间的推移发生在不同接触点上。它强调合作以使得共同创造成为可能，让服务变得更加有用、可用、高效、有效和被需要，是全新的、整体性强、多学科交融的综合领域。服务设计的关键是"用户为先＋追踪体验流程＋涉及所有接触点＋致力于打造完美的用户体验"。服务设计作为以实践为主导的行业常常致力于为终端用户提供全局性的服务系统和流程。这个跨学科的过程，集诸多设计、管理、程序工程技术和知识为一身，其常见的涉及领域有零售、通信、银行、交通、能源、信息、科技、政府公共服务还有医疗卫生等。

服务设计是多领域交融的研究方式，它融合了不同学科中的许多方式和工具，是一种新的思考方式。服务设计发展至今仍在不断完善中，还没有一个最终的定义。

2. 共享经济——一种新兴经济形态

在服务经济背景下，共享经济作为一种颠覆性的新兴经济形态被广泛运用至各种商业创新中。共享经济这个术语最早由美国德克萨斯州立大学社会学教授马科斯·费尔逊（Marcus Felson）和伊利诺伊大学社会学教授琼·斯潘思（Joel Spaeth）于1978年发表的论文（Community Structure and Collaborative Consumption：A Routine Activity Approach）中提出。共享经济的主要特点是包括一个由第三方创建的、以信息技术为基础的市场平台。个体借助这个平台交换闲置物品，分享自己的知识、经验，或者向企业、某个创新项目筹集资金。经济牵扯到三大主体，即商品或服务的需求方、供给方和共享经济平台。共享经济平台作为连接供需双方的纽带，通过移动LBS应用、动态算法与定价、双方互评体系等一系列机制的建立，使得供给与需求方通过共享经济平台进行交易。

共享经济的本质是整合线下的交易资源，让他们以较低的价格提供产品或服务。对于供给方来说，通过在特定时间内让渡物品的使用权或提供服务，来获得一定的金钱回报；对需求方而言，不直接拥有物品的所有权，而是通过租、借等共享的方式使用物品。共享经济平台的出现，在前端帮助个体劳动者解决办公场地（We Work模式）、资金（P2P贷款）的问题，在后端帮助他们解决集客的问题。同时，平台的集客效应促使单个的商户可以更好地专注于提供优质的产品或服务。

共享经济作为社会服务行业内最重要的一股力量，在住宿、交通、教育以及生活服务、旅游等领域不断涌现：从宠物寄养共享、车位共享到专家共享、社区服务共享及导游共享，甚至移动互联强需求的Wi-Fi共享。新模式层出不穷，在供给端整合线下资源，在需求端不断为用户提供更优质的体验。

3. 体验经济

人类的生活经济发展已经走过了农业经济、工业经济、服务业经济三个环节，目前进入了服务业经济的尾端，并且潜移默化地跨入了体验经济时代，大众接受"体验经济时代"作为第四个发展阶段的理念。体验经济是服务经济的延伸，其立足于农业、工业经济规模化的商品，根植于服务业经济的土壤，以极致体验为导向，以大众获得最极致的感官体验为目标的经济发展阶段。

自2015年起，中国企业服务生态进入高速发展期。我们依据市场规模、主要玩家、生态模式、生态治理体系成熟度将中国企业服务生态划分为不同的阶段,每个阶段都有各自鲜明的特点。根据市场的不同特征,我们来对不同发展阶段作出界定(图1.2)。

我国体验经济初期的探索第一"人"是小米。小米创业之初,互联网信息趋于大爆炸时期,借用互联网帖吧工具归纳总结了大量的消费体验需求,借助于大数据的工具支撑,提出了"为发烧而生"的口号。小米在发展初期,不断地追求感官体验,倒逼着科技产品的质量改革和生产工艺的不断优化(图1.3)。小米的成功,绝对是体验经济时代初期众多试错中活下来的那个,并且每一个风口都站在了浪尖上。也许就像雷军所说:站在风口上,猪都会飞起来。

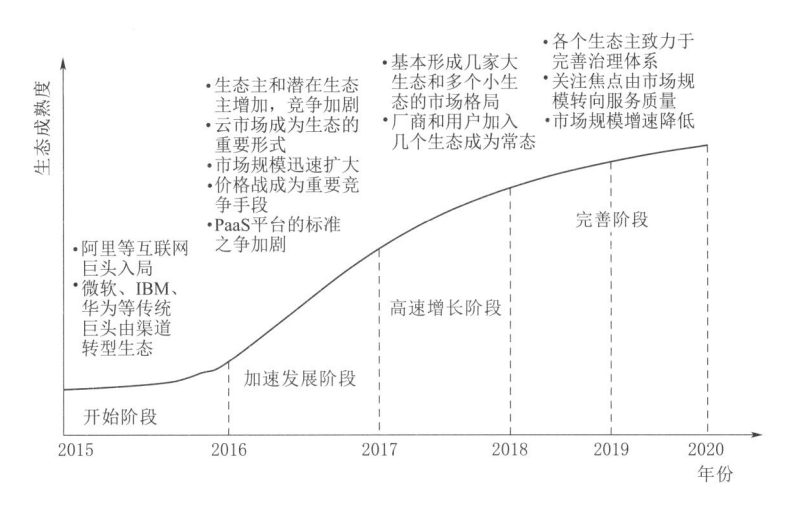

图 1.2　中国企业服务生态发展

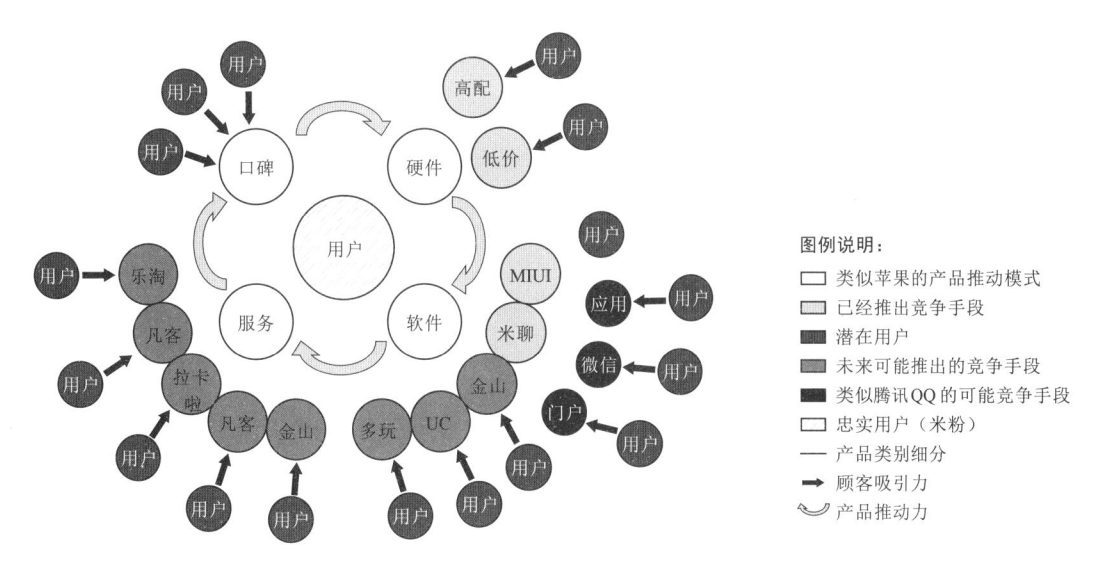

图 1.3　小米初期用户体验

1.2　新的设计方向——服务创新

1.2.1　服务创新定义

服务创新就是使潜在用户感受到不同于从前的崭新内容,是指新的设想、新的技术手段转变成新的或者改进的服务方式。从经济发展角度来看，服务创新是指通过非物质制造手段所进行的增加有形或无形"产品"的附加价值的经济活动。创新可以看作是经济增长的主要动力，根据市场需求，对原有的生产方式、产品规格和包装方式进行改进。

随着时代的进步，从早期的产品创新、创新行为和创业精神，到现在的服务创新。Tidd 和 Hull 认为服务创新通过提供新的或改进的服务体验为客户创造附加价值，并提供更有吸引力的机会吸引客户消费服务。Voss 将服务创新分为三种类型：第一种是质量测量。服务结果优于竞争，服务体验优于竞争。第二种是财务衡量。用更低的成本获得更高的利润。第三种是竞争。为了衡量，公司分析了关键的竞争优势，超过了原计划的客户增长率，并超过了原估计的市场份额目标。Tax 和 Stuart 认为服务创新可以分为两种类型：一是现有服务体系内的变化；二是经营过程和参与者的变化。可以看出，服务创新不仅仅指现有的服务和产品，还包括将科学技术应用于对社会和工业有价值的事物上，以满足市场的需要。此外，服务创新有其差异化的程度，包括新服务的引入，服务提供或交付的重大变化，以及对现有服务的小规模重组或改进。本书采用了一种更宽泛的创新定义，将首次为组织创造的服务定义为服务创新事件。

本书提供了一个基于服务主导逻辑的更广泛的服务创新视角，它超越了困扰该领域现有研究的有形-无形和生产者-消费者鸿沟。这种扩展的服务创新概念强调：①创新是发生在行动者对行动者（A2A）网络中的协作过程；②服务是为了另一个行动者或自身的利益而应用专业能力，以及作为一切交换的基础；③通过增加资源液化和资源密度释放的生产力；④资源整合作为创新的根本途径。

基于这些核心主题，我们提供了服务创新的三方框架：①服务生态系统，作为新兴的 A2A 结构，行动者通过他们的有效行动进行创造和再创造，并为行动者交换服务和共同创造价值提供了组织逻辑；②服务平台，通过液化资源和增加资源密度（便于获得合适的资源包）来提高服务交换的效率和效果，从而成为创新的场所；③ 价值共创，将价值视为由服务提供者和服务受益者（例如客户）。通过资源整合共同创造的，并表明需要支持底层角色和流程的机制。

制造业在国内经济增长中起着重要作用。通过制造业的服务创新，使企业可以继续创造多元盈利的商业模式，通过服务体验成为参与品牌和产品的动力。从当前整体经济发展和消费者需求变化的趋势来看，发展和应用服务科学理论更为合适。根据 Yuetal 的分析，将常见的制造转型归纳为产品延伸服务、产品功能服务和集成解决方案三种模式。其中，产品延伸服务模式包括四种持续盈利方式：传统服务、品牌营销、体验营销和售后服务；产品功能服务模式分为三种方式：共享经济、金融服务和体验营销；集成解决方案模式以金融服务、品牌营销、整体解决方案、跨境合作为导向。传统制造商改变过去"制造和销售商品"的商业模式，转变为创造新的服务创新模式。运用产品延伸服务模型、产品功能服务模型、集成解决方案模型，探索各模型的服务化创新策略，以及衍生的盈利商业模式，并进一步了解它如何创造持续的利润来源。

在当今社会的发展中，顾客对汽车的拥有度正在逐渐下降，对汽车品牌的需求和汽车的使用也发生了变化。从汽车制造商的角度来看，产品延伸服务模式受益于汽车维修及后续维修服务；通过品牌营销和体验营销，可提高用户的品牌忠诚度和品牌知名度，则可获得可观的利润。此外，从功能服务出发，提出共享汽车概念和体验式营销服务：产品的所有权仍然属于制造商，制造商提供产品功能，共享服务提供交通解决方案和驾驶体验。消费者购买的是功能，而不是一辆车。例如世界著名汽车制造商（宝马、戴姆勒）制定的汽车服务模型的服务模式，从整车相关金融服务到整车整个商业生态系统，通过共享经济产品和所有权意义的转换，开发配套服务，为客户提供一个整体的移动服务生态系统。宝马、戴姆勒汽车公司服务化模型归纳见表 1.2。

表 1.2　　宝马、戴姆勒汽车公司服务化模式归纳

模　　式	方　　法	服　务　形　式
产品延伸服务模式	传统的服务	汽车服务公司
	品牌营销	生活方式系列、宝马博物馆、戴姆勒博物馆
	体验式营销	宝马 M 镇
	售后服务	OMNI 数字服务商店、卡车商店
产品功能服务模式	共享经济	即时用车、Car2go 智能租车、我的出租车、即时出行
	金融服务	戴姆勒金融汽车分期付款、戴姆勒金融汽车保险公司、戴姆勒卡车金融公司
	体验式营销	宝马驾驶体验
集成解决模式	金融服务	宝马信用卡、宝马银行、戴姆勒金融投资、梅赛德斯奔驰银行、戴姆勒卡车经销商财务部
	品牌营销	设计工作
集成解决模式	总解决方案	移动园、立即充电、穆维尔一站式出行、船板队远程管理系统、快速公交
	跨境合作	宝马和博世、宝马和戴姆勒

1.2.2　服务创新在不同行业的应用

1.2.2.1　出行业——北京大兴国际机场服务设计

北京大兴国际机场被定位为大型国际航空枢纽（图 1.4），是支撑雄安新区建设的京津冀区域的综合交通枢纽。通航后，成为世界上最大的单体航站楼和世界最大空港。在设计上也有许多人性化的亮点和优质的服务体验。

图 1.4　北京大兴国际机场

（1）该建筑在结构设计上，考虑到了时间成本问题，采用了放射状的多长廊结构，这是世界上首个双进双出的航站楼，旅客安检后从航站楼中心到最远登机口步行不超过 600 米，最多只需要 8 分钟，极大地提高了旅客安检、换乘等效率，降低了时间成本。

（2）考虑到送机人的送机体验，在第五层餐饮区设置了旅客话别区，送机人可以在这里和已经通过安检的朋友道别，目送他们到达候机楼。

（3）采用人脸识别系统，将值机、托运、安检和登机等流程简化，也将旅客的行李和自身绑定。用电子登

机牌代替了传统的登机牌，降低了行李丢失的风险，旅客可以通过手机实时追踪行李，增加了用户对信息的掌控感，降低了可能出现的焦虑情绪。

这些细节的设计都暗含着服务设计思维的运用，体现着全局观的思维模式，可以大幅度地提升用户乘机体验。

1.2.2.2　广告业——今日头条

今日头条是一款基于数据挖掘的推荐引擎产品，它为用户推荐有价值的、个性化的信息，提供连接人与信息的新型服务，是国内移动互联网领域成长最快的产品之一（图1.5）。今日头条的产品定位为"推荐你喜欢的内容"，利用数据分析技术，投你所好，以此增加用户黏性，扩大市场份额，迅速提升产品知名度。将内容的生产、传播、营收精细化，实现内容价值，且通过广告平台等实现内容营收工作。也使用户最终获得满意的优质内容。

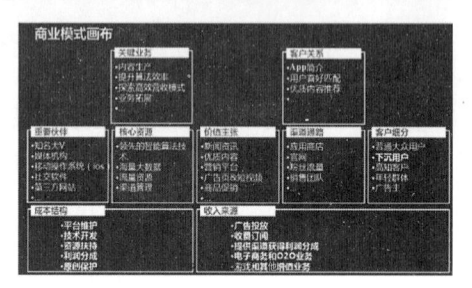

图1.5　"今日头条"商业模式

1.2.2.3　零售业

1. 盒马鲜生

为了适应时代的发展需要，零售业也将加快对市场的适应，通过采用数字化技术赋能零售中的各个环节，降低管理、经营成本，提升效率，让商超经营真正做到以用户为主，精准把握用户需求，建立与用户的关系，实现数字化经营。

盒马是阿里巴巴集团旗下以数据和技术驱动的新零售平台（图1.6）。盒马希望为消费者打造社区化的一站式新零售体验中心，用科技和人情味带给人们"鲜美生活"。

2. 超级物种

"超级物种"是永辉超市推出的"高端超市＋生鲜餐饮"新零售超市（图1.7）。在超级物种，消费者既可直接选购食材，也可直接享受食材烹调服务，直接在店内享用，主打中高端价格，希望在提供多样优质商品、打造现代舒适购物空间的同时，满足消费者多样化的餐饮服务和互动性需求。

超级物种的目标顾客消费群以80后、90后且追求较高生活品质的年轻消费者为主，商品定位新鲜、健康、时尚、精致，并围绕着"轻奢餐饮"概念高度精选商品种类。工坊系列组合出击，多重餐饮服务满足消费者的多样需求，提升消费体验。永辉超市前些年就曾尝试"超市＋餐饮"的跨界融合，用优质的餐饮服务留住消费者，增加消费黏性。永辉超市依托其自有的供应链系统和完善的物流体系，在超市里建立起自己的

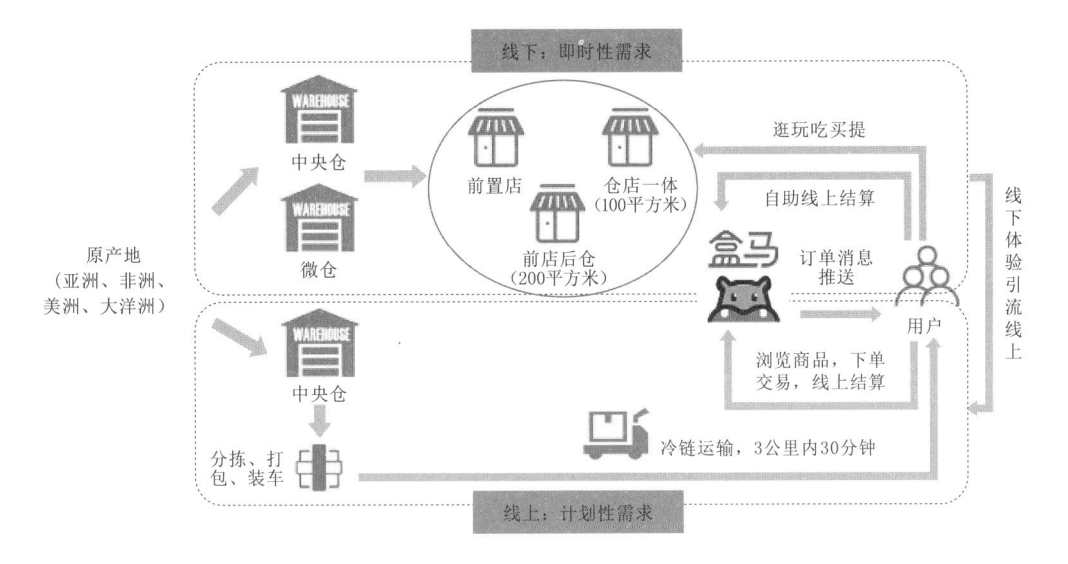

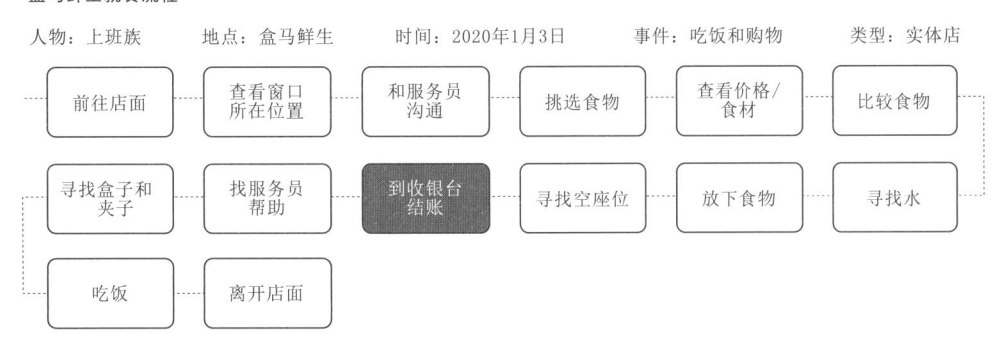

图1.6 "盒马鲜生"服务设计

中央厨房，不断孵化自营餐饮品牌，其中"麦子工坊""鲑鱼工坊""盒牛工坊"在早期的其他业态中已经推出，且渐入成熟。这些超级物种融合了永辉目前孵化的8个创新项目——鲑鱼工坊、波龙工坊、盒牛工坊、麦子工坊、咏悦汇、生活厨坊、健康生活有机馆、静候花开花艺馆，旨在打造美食梦工厂。海鲜、日式三文鱼、牛排、面包甜品等诸多餐饮服务任君挑选，在保证品控的同时，满足消费者多元消费需求。超级物种的商业模式是"超市＋餐饮＋互联网"，以轻时尚和轻奢侈为基础。作为实体零售企业，永辉为超级物种提供了平台支撑，给予其一定的品牌及资源优势，使得超级物种主打线下业务，辅之以线上业务，通过线下门店向线上引流。

商业模式				
重要合作KP	关键业务KA	价值主张VP	客户关系CR	客户细分CS
全球各地的供应商和林芝腾讯科技有限公司	供应链管理，成本控制和线上线下一体化运营	以实惠的价格迎合消费者对于高端食材的需求，为消费者带来极致的食材品质和消费体验	私人服务、自助服务和自动化服务	80后和90后等新消费群体
	关键资源KP		渠道通路CH	
	永辉平台的支撑：全球商品供应链优势，高水平的生鲜管控人力资源		线下实体店、永辉生活App、腾讯小程序、饿了么	
成本结构CS			收入来源RS	
基础设施建设成本，平台运营成本，人力成本、生鲜损耗成本和存货成本			零售销售收入、自有品牌获得的收入和烹饪食物收取的加工费	

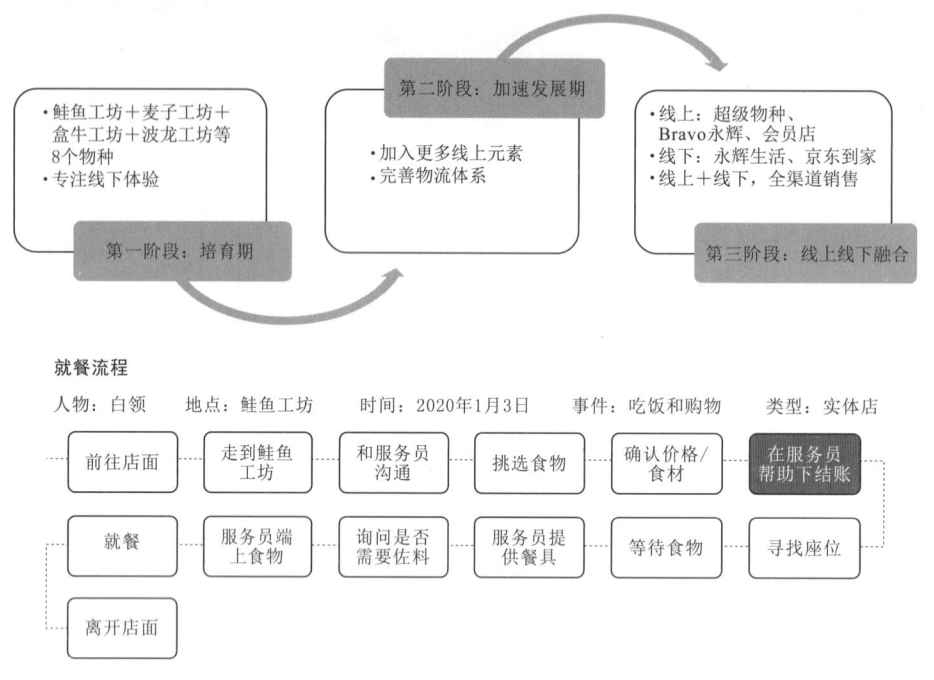

第一阶段：培育期
- 鲑鱼工坊+麦子工坊+盒牛工坊+波龙工坊等8个物种
- 专注线下体验

第二阶段：加速发展期
- 加入更多线上元素
- 完善物流体系

第三阶段：线上线下融合
- 线上：超级物种、Bravo永辉、会员店
- 线下：永辉生活、京东到家
- 线上+线下，全渠道销售

就餐流程

人物：白领　　地点：鲑鱼工坊　　时间：2020年1月3日　　事件：吃饭和购物　　类型：实体店

前往店面 → 走到鲑鱼工坊 → 和服务员沟通 → 挑选食物 → 确认价格/食材 → 在服务员帮助下结账

就餐 ← 服务员端上食物 ← 询问是否需要佐料 ← 服务员提供餐具 ← 等待食物 ← 寻找座位

离开店面

图1.7　"超级物种"服务设计

1.2.2.4　乡村旅游——贵州铜关村旅游服务设计

2011年，腾讯基金会开始计划在黎平县盖一座侗族大歌生态博物馆，以民族文化保育和传承为目标，希望通过生态博物馆吸引外界游客，并进行一系列的旅游体验活动，通过当地居民的积极参与和管理经营，以使铜关的乡村现状得以改善，并延续文化活力。

1. 前期用户研究

通过对铜关旅游历程的分析，旅游前期从预定客房、准备行程到入住，无论是面对游客或服务提供者两侧，实施过程肯定会遇到许多问题。例如在旅游前期，游客在预定食宿、安排旅游行程前，需了解完整的行程信息和预定方式，如何以最简单的方式实现以上的一系列操作，这是一个值得深入分析研究的问题；同样对于服务侧来说，如何降低服务管理的技术门槛和工作量，让没有很多经验的村民能够熟练接收预定、迎接游客并提供服务这也是一个需研究的问题。此外，在旅游中后期服务端和游客还会遇到许多其他问题。如图1.8为用户旅程图，图1.9为服务痛点挖掘。

2. 中期设计发展

对应整理出来的潜在服务痛点，可以通过体验设计、品牌建立和服务生态系统构建等解决方案，提供永续

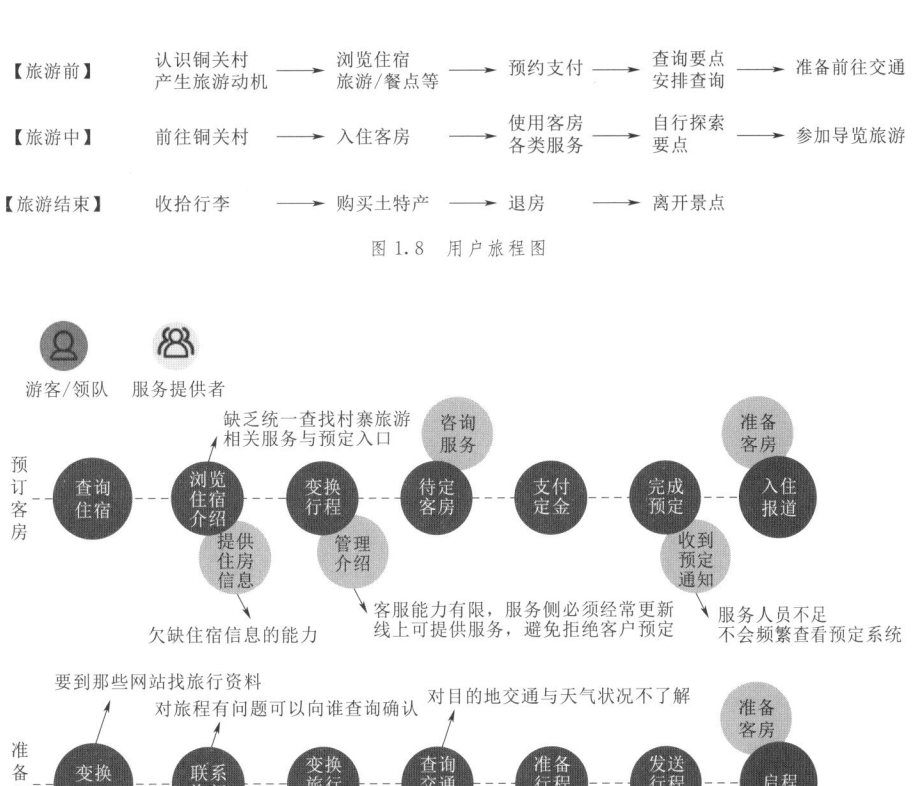

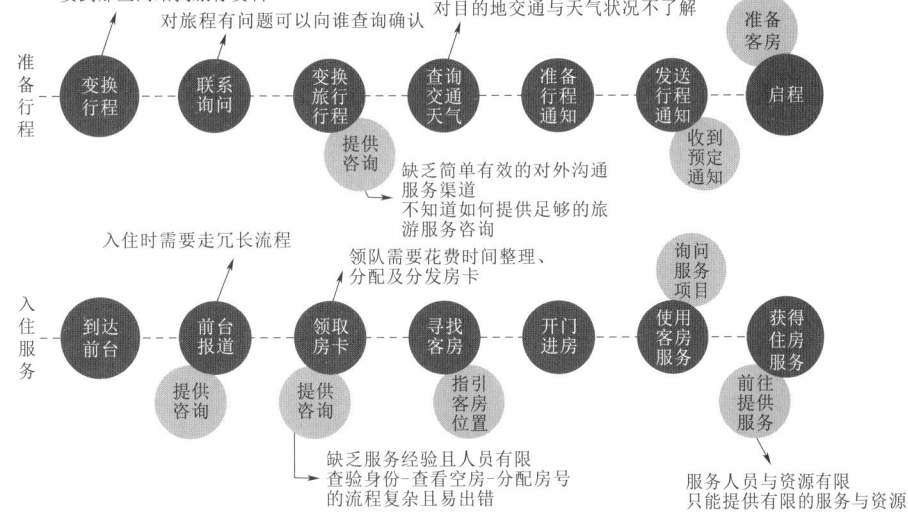

【旅游前】	认识铜关村产生旅游动机 →	浏览住宿旅游/餐点等 →	预约支付 →	查询要点安排查询 →	准备前往交通
【旅游中】	前往铜关村 →	入住客房 →	使用客房各类服务 →	自行探索要点 →	参加导览旅游
【旅游结束】	收拾行李 →	购买土特产 →	退房 →	离开景点	

图 1.8 用户旅程图

图 1.9 服务痛点挖掘

的铜关村旅游生态系统（图 1.10～图 1.12）。永续的村寨旅游生态系统以生态博物馆为核心，一方面让游客认识铜关村，吸引进入旅游。通过入住博物馆进行旅游体验，最后将旅游体验带回家传播分享。另一方面，让铜关村民生产的茶、米、织品，甚至是侗歌、长桌宴这样的生活文化传统通过博物馆分别进行贩售和体验服务。以博物馆为媒介，最终持续性形成一个服务闭环。

服务缺口	解决方案
缺乏统一查找景点介绍、旅游预定与服务的地方	用户旅游体验设计
缺少对外宣传和推广旅游信息及地方特产的渠道	品牌塑造及情感化设计
村内青壮年人口流失，服务人员有限。村寨历史与文化未能继续流传、保留	建立可持续发展的生态系统

图 1.10 服务设计方案

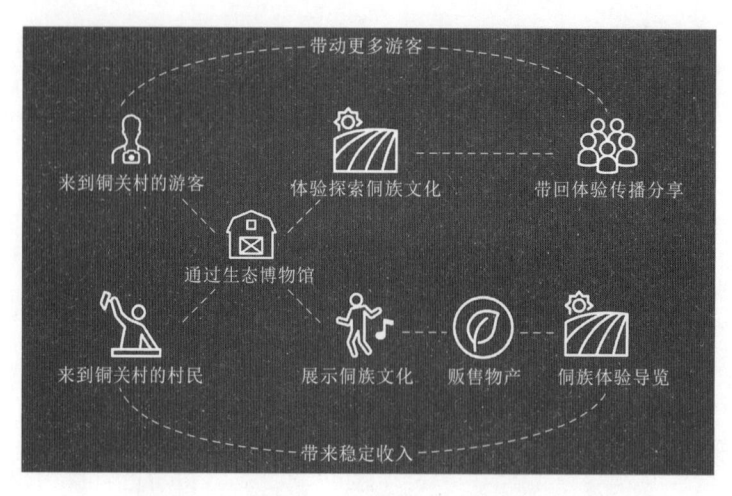

图 1.11 服务生态系统

3. 设计实践

经过一轮轮的讨论，基于前面的分析，将铜关旅游的前后台设计加入旅游的场景任务中。旅游介绍、导览预订等服务以微信公众号为核心，使推广更为便捷，此外，还通过线上系统化的设计，缓解服务侧的支援能力，构建服务蓝图（图 1.12）。

实体场景	铜关村微信公众号页面	公众号推送	微信支付	铜关村微信公众号页面	公众号推送
用户任务	查找旅游信息 / 预定客房餐点等	确认订单信息	审核通过支付房费 / 完成订房	向团员发送订房信息 / 分配房间 / 查找游览行程	准备启程
前台接触点	博物馆导览页 / 村寨导览页 / 在线订房页 / 预定餐点页 / 旅游套餐页	订单送出通知 / 订单详情页	支付通知 / 支付确认页 / 微信支付 / 支付成功通知 / 预定成功通知 / 订单详情页	客房预定单 / 微信通讯录 / 个人信息登录页 / 分房通知 / 分配页面	博物馆导览页 / 村寨导览页 / 旅游套餐页 / 预定旅游套餐 / 入住提示 / 交通天气提示
服务后台任务		管理房间等服务信息 / 后台系统预定通知	接受订单 / 修改价格 / 分配房号	付款成功通知	接受旅游套餐订单 / 编辑天气信息
支援过程	编辑导览图文	管理可提供服务内容	维护通知系统		与当地导游联系行程

（互动线 / 可见线 / 内容互动线）

图 1.12 服务蓝图构建

利用服务蓝图的框架，可依照现有微信平台技术与硬件资源，共同设计服务触点，展开铜关旅游线上、线下等触点和服务运营规则的设计与开发（图 1.13）。

村寨故事与博物馆线上导览 → 交通地图与前往信息 → 住房餐点与旅游套餐预定 → 博物馆服务体验 → 铜关村景点线下导视介绍 → 线上购买村寨特色产品

旅游服务覆盖的触点设计

图 1.13 服务触点分析

12　服务设计与创新实践

铜关村微信公众号提供村寨导览、市集购买渠道、博物馆导览和线上服务等入口。除了让外来游客了解铜关村外,有兴趣到村游览的游客也能使用在线客房、餐点、旅游套餐等预定功能,预先了解旅游行程交通、入住与饮食等信息。

除了线上为游客提供旅游预定与导览信息服务之外,博物馆的线下旅游体验也是服务中的重要触点。实地的旅程将会给用户带来美好的体验和回忆,让他们在结束旅游回去后能够进行有力的推广和传播,吸引更多游客的参与(图1.14)。

图1.14 服务设计线下触点——铜关侗族大歌生态博物馆

思考题

1. 服务经济与传统经济存在哪些差别特性?
2. 当前服务经济的创新发展模式主要包含哪些?
3. 请举例说明服务创新在乡村文旅产业中的应用案例。

第 2 章 服务设计界定

服务设计界定

- 学习内容

服务逻辑与服务价值、服务设计的发展历史与研究现状,服务设计的边界。

- 学习目标

使学生了解服务主导逻辑与商品主导逻辑的关系,服务逻辑下价值创造的新内涵,能够在经济和社会背景下了解服务设计的发展历史及服务设计与相关设计方向的区别。

2.1 服务设计中的服务

2.1.1 定义"服务"

社会和经济越来越以服务为基础。服务的概念最早出现在服务营销和管理领域。在当前以服务为主导的经济体中,许多分类和定义都存在不足。

市场营销学学者 Lusch 和 Vargo 提出了服务(service)作为动词(serve)而不是名词的定义:服务是"为另一个实体或实体本身的利益,通过行为过程和表现,应用专门能力。Edvardsson 等指出术语的单数和复数形式的区别:"服务"与服务提供者组织在提供良好体验方面的整体和战略思维有关,即服务用户被服务的感觉。"服务"的复数形式是指单独的服务产品。"服务-副服务"学派对服务现象采取整体视角,强调服务用户在价值创造过程中的角色和体验。从服务用户的角度来看,Bettencourt、Lusch 和 Vargo 认为服务是帮助服务用户完成一项或多项"工作"(即完成一个目标或解决一个问题)。

服务的体验内涵和流程特征都体现了以人为中心的理念,因此了解人的需求、感受和行为是至关重要的。服务中的"人"包括用户、员工和利益相关者等,这需要开展用户研究,以获取用户对服务的期望和需求。用户研究中的人可以分为三个层次,即"类、群、个"。"类"的层面包含人类的性别、性别取向、语言、身体特征等。"群"的层面包含群体的社会阶级、年龄分布、生活方式、民族和国家等。"个"的层面包含个体的政治观点、意识形态等(图 2.1)。

服务提供的过程(设计、开发、制造、交付)、服务交互以及服务用户与随后的使用和体验过程中的价值产生活动有关。作为实践服务设计师,Polaine、Lovlie 和 Reason 一直在对他们遇到的大量服务进行分类,并开发了一种"核心服务价值"方法来定义服务，更好地理解服务流程和绩效。Polaine 等认为帮助人们完成工作的三个主要表现是关心、获得和回应，即对人或事物的关心，对人（知识、技能）或事物的访问，提供对人或事物的响应服务（例如帮助完成某件事）。所有这些都可以同时合并到给定的服务中。Penin 同样以实践为导向，但从集成的角度将服务定义为"社会的软基础设施"，因为人们的生活严重依赖于多种服务提供（如交通、电信、银行、餐馆、娱乐）。

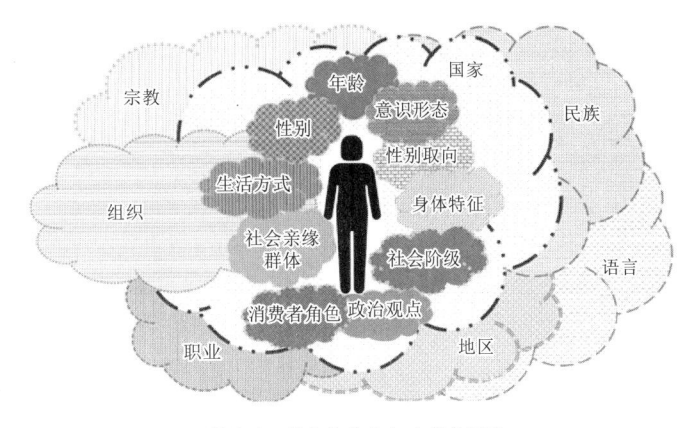

图 2.1　服务设计中与人相关因素

2.1.2　服务逻辑

关系管理的商业视角和客户中心等概念被认为是基于单一交易的商品主导逻辑（goods–dominant logic, GDL）。传统的 GDL 是基于一种营销商品的思维方式，即服务作为产品的非物理替代品，以及基于交换价值的观点，即价值在服务接触中被"交换"。在关系营销中，价值的核心是关系和互动。作为一种真正以服务用户为中心的方法，Vargo 和 Lusch 引入了服务主导逻辑（service–dominant logic, SDL）。SDL 的基本原则包括如下公理："产品"实际上是以传统的物理产品为主要载体，向消费者交付的服务；价值由服务企业（提供者组织）和服务用户（顾客）共同创造，服务公司只能提供价值主张，服务用户最终定义价值。因此，所有的组织都在销售或提供服务。无论以何种形式提供（产品或服务），它都是在帮助服务用户完成工作。例如，一辆汽车最终不仅是一种产品，而是一种服务，让顾客从一个地方移动到另一个目的地。同样的，培训课程实际上不是一种教育"服务产品"，而是一种帮助使用者在工作中完成某些需要技能的服务。共同创造是一种相互产生价值的经济经营策略，它由市场提供了一个新的平台，在这个平台上服务用户和组织可以共享、合并和更新资源和创造能力。

作为独立服务产品的服务（复数形式）被认为是基于商品主导逻辑（GDL）的术语，等同于"服务产品"。"服务"的单数形式为服务作为经验价值提供了一个更现代的视角。通过这种新的范式方法，Edvardsson 等强调了服务给服务用户带来的体验、利益和价值。服务提供者的角色已经从事务提供者转变为服务体验的推动者。无论以何种形式提供服务，目标都是提供服务，让服务用户感到"被服务"或完成一项工作。

SDL 引发了人们对面向价值取向的服务研究的更多兴趣。Gronroos 声称，由于所有类型的资源都传输服务，并作为"服务"消费或使用，因此逻辑不应仅仅被称为服务"主导"，而应称为服务逻辑（service logic, SL）。服务主导逻辑（SDL）和服务逻辑（SL）是基于逻辑的角度"传输服务"服务用户，因此本质上基于提供者逻辑。互补服务研究强调服务用户的角度而不是服务角度，因为最终是服务用户定义"服务"，即使用服务时所体验到的价值（图 2.2）。因此，应该从服务用户的角度来研究交互和使用。

图 2.3 展示了过去几十年不同服务营销逻辑的演变。该图还将服务设计与研究领域的整体发展联系起来。转移到使用情况的方向，超越服务接触，并走向客户领域。这种思维方式是消费者主导逻辑（customer–dominant logic, CDL）的核心。

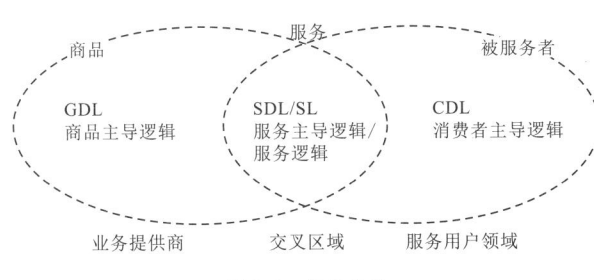

图 2.2　服务思维

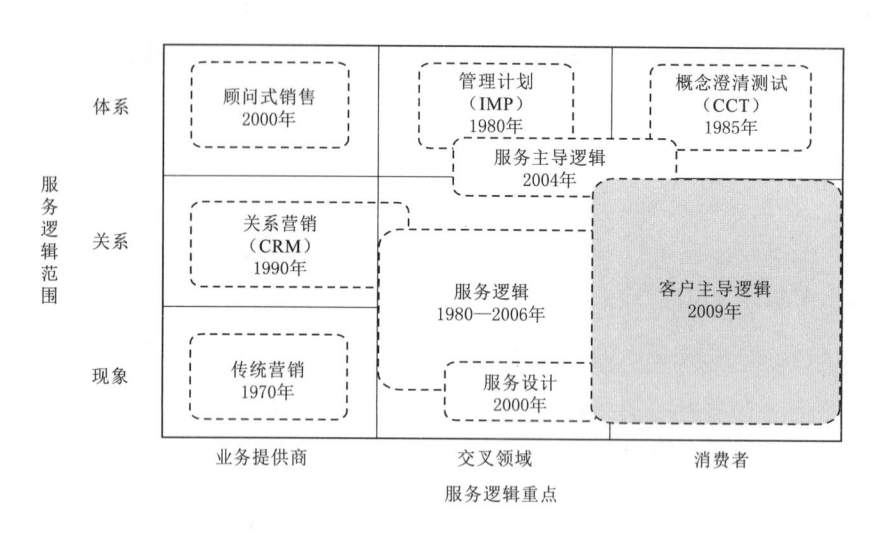

图 2.3 服务逻辑演变过程

2.1.3 服务价值

价值（等价价格）一直是服务研究的核心概念。新的服务营销视角拓宽了价值观念。在众多学者中，Ala-koski通过回顾与服务营销相关的文献，总结出十种不同的价值方法：交换价值、消费者价值、顾客期望和接受的价值、商业市场价值、附加价值、关系价值、价值链、价值主张、使用价值和体验价值。在服务语境中，价值的出现是一个多方面的现象。动词如提议、提供、生产、交换、创造、共同创造或出现，都用来描述价值是如何产生的。所有利益相关者（如服务用户、服务提供商、合作伙伴、网络）的目标都是从服务过程中获得价值。价值是难以捉摸的、是动态的，因为它在不断变化，取决于环境，对不同的人有不同的含义。以旅行保险为例，如果发生了涉及服务用户的紧急情况，保险服务在许多方面的价值可能是巨大的。如果什么都没有发生，它带来的价值可能是名义上的。

因此，从提供者组织的角度来看，价值的定义非常不同。服务用户寻找的不是好的服务本身，而是服务带来的价值。例如，移动通信运营商的服务本身没有什么价值，但允许服务用户与她的朋友联系创造了实际价值（在使用服务期间积累）。甚至在计划购买的过程中，与能够和朋友一起玩更好的在线游戏相关的梦想都能够唤起比以前更富裕的感觉，即创造价值。Gronroos指出，尽管价值概念往往只与积极的内涵联系在一起，但服务过程也会出现消极的转折，为利益相关者创造不好的价值体验。在早期的以生产为导向和以商品为主导的逻辑价值主要被视为交换价值（value-ln-exchange），服务用户被视为比较服务提供和潜在效用的理性行为者。

诺曼和拉米雷斯更新了商业经济学和市场营销学中对价值的主导解释，并将重点转移到服务用户（客户）上。价值创造被定位于现代经济交换的核心，价值实际上是使用中的价值，总是由服务用户个人和情境决定。能力（如知识和技能）的应用被视为创造价值，使服务过程的利益相关者受益。实体产品被认为只是支持价值创造过程的手段。服务逻辑将传统的价值思维方式转变为价值创造网络、价值共同创造和价值主张，而不是均衡系统、增值和价格等概念。潜在的价值是通过相互作用和交换现有的能力和资源而共同创造的。这需要对互动内容和相互需求达成一致。Gronroos和Voima同样强调共同创造价值和在客户环境下更全面的价值视角，但强调互动的功能。共同创造价值发生在互动中，是服务用户在使用过程中创造实际的使用价值，价值是通过体验社会构建的。这种交互可以是直接的，也可以是间接的，在使用情况下，客户与供应商组织的过程的输出进行交互。对于每个用户来说，价值创造的过程是不同的，价值是在不同的时空环境中构建和呈现的非线性，包括各种情感、社会、伦理或环境维度。

因此，服务研究的重点已经从组织的角度转向服务用户的角度，关注他们的需求和在服务共同创造过程中提取价值的能力。感知价值是通过服务提供者和服务用户（交换价值）和使用（随时间积累的使用价值）之间的交互产生的，最终取决于服务用户。因此，服务提供者的作用实际上是促进可取的服务体验，并要求更多的了解影响积极（或消极）价值体验的因素。

服务用户的早期体验、自身情境、使用情境以及服务交互后的心理活动也可能与价值创造相关。因此，传统服务蓝图中用于从服务用户的角度设计服务流程的"可见性线"的概念是不充分的。发现服务提供者不知道和不可见的服务用户活动需要更多的关注。变化的形势、趋势和文化因素，即整个服务用户生态系统需要被视为价值产生的背景。图 2.4 总结了他对服务营销和管理中的客户价值的回顾，同时，为各种价值分类的一种潜在分类提供了说明。以实践为导向的顾客价值研究方法强调价值不是根据服务提供者的意图而产生的，而是在服务使用者不断变化的情况下不断创造和演变的，而这些情况对服务提供者来说大多是不可见的。

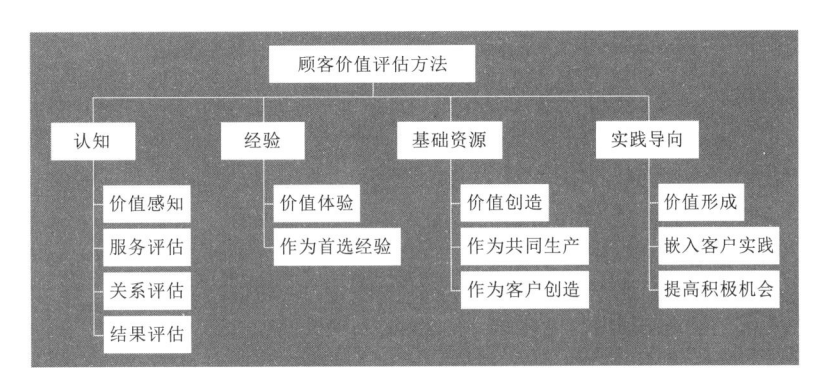

图 2.4 服务营销中的不同客户价值概念

基于资源的顾客价值观赋予服务使用者创造性和主动性的作用，服务用户被视为服务提供商或更大网络的资源。客户价值的产生、共同产生或共同创造，取决于所采用的服务逻辑。从基于资源的角度来看，服务被视为贯穿服务消费过程与接触点的交互链。这些人与人之间或以技术为中介的交互的质量影响服务用户的体验和价值感知的质量。

根据新的服务逻辑（SDL、SL 或 CDL），被服务的感觉，即"服务"等于使用价值即"特质、经验、语境和意义"。这个全新的视角表明对价值的转换从"营销"转向"服务"。这种协作方式为服务设计的新思维模式铺平了道路。

2.1.4 服务特征

服务的本质特点是非物质性，即服务的结果不是有形产品。服务业既包括传统"纯劳务"型的家庭服务、保安服务等，也包括资金、技术高度密集的信息服务和知识含量很高的研发、创意服务等，还包括教育、文化、卫生以及社会管理和政府部门等公共属性很强、市场失灵比较突出的各种服务。传统劳务型服务业缺乏规模经济，技术含量低，劳动生产率提高缓慢；而信息服务等现代服务业却具备了技术含量高、规模经济显著、劳动生产率提高快的特征。其中电信网络服务则更具有网络外部性等独特的市场特征。因此，服务的本质特征是关联性、互动性、横向性与和谐性，这些特征的服务结构是双赢结构，即产品和服务的双赢结构。

2.1.5 服务是一种体验

20世纪90年代，随着服务设计的出现，可用性工程师和认知科学家Donald Norman提出了"用户体验"这个术语。图2.5强调了用户体验（Vser Experience，UX）、客户体验（Customer Experience，CX）、服务提供者体验（Service Provider Experience，SPX）和人类体验（Human Experience，HX）在服务设计中作为关键概念和目标。

用户体验（UX）通常被认为是与技术交互的结果，其时间跨度比客户体验短。这一概念涵盖了认知方面、感觉和最常与基于任务的体验相关的感觉，以及使用界面功能完成任务的能力。用户体验已经成为一个流行词，特别是在ICT和交互设计领域，并刺激了新的研究领域。

客户体验（CX）被描述为任务体验的总和。它也是基于对服务质量和价值的期望。服务质量可以由提供者组织管理，但价值体验完全由客户决定。Jain等人将客户体验定义

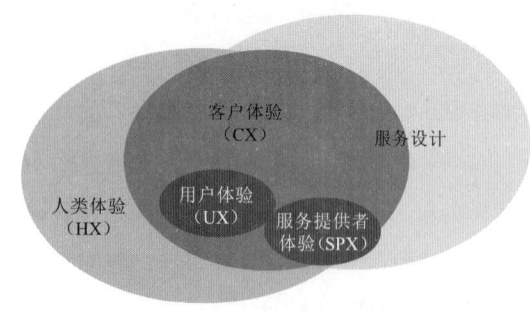

图2.5 服务设计整体世界观

为"一个整体的互动过程，通过认知和情感线索促进，由客户和情境特征调节，导致独特的、愉快/不愉快的记忆"。"服务体验"的整体概念包括服务网络的多个受益人的个人体验和一个比"客户体验"更广泛的概念。

服务提供者体验（SPX）指的是这些资源安排中的参与者之间的交互。例如，提供服务的人员可能同时是内部服务用户和服务提供者（例如在行政和其他内部支持职能中）。服务提供者体验发生在服务提供商领域，如果消极，它们可能会影响客户和人类体验。

人类体验定义为服务产生的整体价值体验，它是一种长期的、更深层次的情感体验，而客户体验通常是基于任务或商业的体验。理查德·布坎南提出的"人类体验"概念影响着服务使用者的生活质量和福祉，并将设计与人类尊严和人权联系起来。

2.2 服务设计的发展历史与研究现状

2.2.1 基本定义

服务设计（Service Design，SD）是一种以人为中心的服务开发方式，旨在带来以服务用户为中心的视角和流程，以有利于现有服务的改进和新服务的创新。Holmlid和Evenson将服务设计描述为"对传统服务发展的补充"。Clatworthy强调了服务设计的体验维度，并将其定义为"随时间和不同接触点发生的体验设计产品"。服务设计仍然被认为是一个新兴的和正在建立的领域。2019年全球服务设计网络对服务设计的定义是设计服务的实践。它使用一种整体的、高度协作的方法，在服务的整个生命周期中为服务用户和服务提供者创造价值。在实践中，服务设计使用以人为中心的视角帮助编排和驱动服务交付的流程、技术和交互。

索斯泰克（Shostack）博士首次提出了"服务设计"这个术语，在此之后，服务设计作为一个教育领域出现于1991年，当时德国的科隆国际设计学院（KISD）搭建了一个涉及相关设计学科的学者和专业人士的网络。第一门服务设计课程于1995年在德国KISD开设。第一家服务设计咨询公司于2000年初在英国伦敦成立。当时创始人意识到仅仅设计交互和界面是不够的，必须全面地设计服务和促进使用。现在看来，服务设计的产生和发展是对不断变化的经济和市场需求的一种合乎逻辑的回应。2010年，服务营销研究员Gummesson提出了

服务系统设计的必要性。产品开发一直是传统营销不可分割的一部分，可以被视为商品主导逻辑（GDL）的一部分，现代营销逻辑为理解和分析服务设计提供了理论框架。图2.6基于营销和服务的不同视角对服务设计进行定位，从新的商业视角将服务设计定位于强调服务用户在价值创造中的积极作用。

除了服务营销的影响，SD同时也受到设计领域的启发，尤其是设计思维、工业设计和交互设计。设计思维，一个与服务设计密切相关的概念，被认为是由Rowe于1987年在城市设计领域和

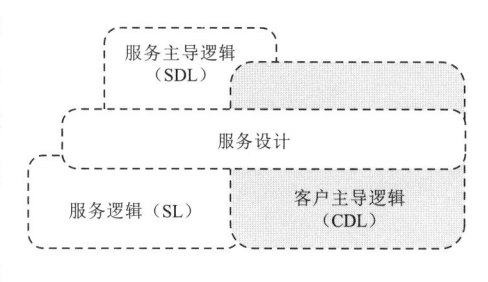

图2.6 基于营销和服务的不同视角对服务设计进行定位

Buchanan在以人为中心的设计背景下创造的。设计思维与服务设计有着相似的出发点和目标。设计思维是基于以人为本，融合多学科、以用户为中心的同理心，以及与所有利益相关者一起整体解决问题的方法。设计思维需要理解人们的行为、价值、实践、互动、表达和隐藏的需求和动机。这两个概念（SD和设计思维）通常可以互换使用，可以被认为是一种解决问题的思维方式。

2.2.2 发展历史

20世纪后期，以计算机和网络技术为代表的新技术在美国兴起，以知识创新和产业服务化转型为特征的新经济对"当代"设计的概念产生了重大影响。在全球经济发展的过程中，社会创新很大程度上促进了设计文化的繁荣。以知识加工替代物品加工、以服务替代制造的新的产业主流范式越来越清晰，加速了网络化社会的形成。随之，设计产生范式性的转变，服务设计发展史见表2.1。

表2.1　　　　　　　　　　　　服 务 设 计 发 展 史

年份	重要事件
1949	IBM提出"IBM意味着服务"
1960	最早运用服务设计的设计咨询公司Cambridge Consultants成立
1962	Toyota（丰田）组成质量管理小组（quality circles，QC），产品+服务驱动的质量管理
1986	第一个沟通管理系统（Customer Relationship Management，CRM）软件系统诞生
1988	评价服务质量的SERVQUAL工具诞生
1991	设计咨询公司IDEO成立，并逐步将服务设计纳入设计内容
1998	顾客旅程地图（Customer Journey Mapping）最初由OXxford SM公司在欧洲之星（Eurostar）项目上使用，以实施企业使命和品牌主张。体验经济理念流行。在商业领域，服务设计被视为用来驱动经济增长的增值服务
1999	IDEO在阿西乐特快高速铁路项目中使用顾客旅程地图； 产品服务系统PSS开始在商业领域流行
2001	第一家专业服务设计公司Live l Work诞生
2002	最早的公共机构服务设计组MindLab诞生； 美国国家邮政服务委托卡耐基梅隆大学设计学院改编美国国家邮政法； 澳大利亚政府委托多家设计机构运用服务设计理念，历时近十年，推动国家税法改革
2003	Engine转型成为第二家专注于服务设计的设计咨询公司
2004	国际服务设计联盟SDN建立； IBM正式提出服务科学和管理科学的概念
2008	第一家专注于公共机构创新的非政府组织Thinkpublic诞生
2016	英国政府数字服务获国际交互设计协会（IXDA）"交互设计未来之声"年度大奖； 服务设计日诞生

续表

年份	重 要 事 件
2017	SDN推出"SDN认证服务设计受训者"的认证
2018	首届中国服务设计大会在国家会议中心召开； 商务部、财政部、海关总署联合发布《服务外包产业重点发展领域指导目录（2018版）》的公告，服务设计被纳入指导目录
2020	商务部等8部门出台《商务部等8部门关于推动服务外包加快转型升级的指导意见》（商服贸发〔2020〕12号），提出"扶持设计外包，建设一批国家级服务设计中心"建议； 光华设计基金会联合XXY Innovation发布《中国服务设计报告》，并开发服务设计机构和人才DML认证体系

2.2.3 研究现状

随着信息技术的发展和信息交互设计的崛起，体验经济和体验设计取得了快速的发展。当代设计强调，用户目标就是企业和组织的目标。为此，美国商学院流行着这样一句话——Design is business（设计即商业），彰显了设计与创新在当代商业和社会中的地位。利益、体验、效率三者构成了描述设计目标的单个重要指标。至此，服务设计的概念随之浮现。

服务设计体现出强烈的过程体验特征，使得很多人将体验设计和交互设计理解为服务设计，对于服务设计认识得不全面。"服务设计是什么"很难用一句话描述清楚，它是一个整合的系统，是一种模式，服务设计师常常从以下几个方面来描述服务系统：服务的价值网络、用户的体验路径、服务系统和模式、服务蓝图以及服务触点。服务模式的实现需要靠有效的组织来实现，具体体现为组织的商业模式，基于服务模式的商业模式是服务战略实施的路径。因此，服务设计是从服务模式创新到商业模式创新的必经之路。

21世纪开始，随着世界各国对医疗、教育、文化机构、社会安全等问题的关注与投资的增加，社会公共服务机构（NGO、NPO）得到了快速发展，这时全球产业的格局和形式发生了巨大变化，设计活动不再局限于企业。英国和欧盟近年来做了大量的公共服务与产业方面的设计，给社会、产业带来了结构性的变化，创造了大量的就业机会。由英国政府提出的"用户驱动的公共服务"政策，使得"参与式设计"成为欧洲当代设计的特征。在对医疗服务的设计中，由于病人体验和治疗效果同样重要，因此对诊治流程与医学标准流程的兼顾使得"利益相关人"的概念和方法在服务设计中得到了发展。在公共服务及其设施的设计中，既要考虑通用性又要考虑个体的差异。这一切都给当代设计带来了巨大的发展空间，但同时也带来了巨大的挑战，使得服务设计的工具和方法得到了史无前例的飞速发展。这些设计项目往往与政府结合紧密，因而在规模和影响力上远远为传统设计项目所不能及。

从产品思维到服务思维意味着设计本身的经济价值开始独立凸显出来，成为企业竞争力的核心财富，设计思维走到了企业的战略层面。美国卡内基梅隆大学心理学教授伯特·西蒙的研究领域涉及认知心理学、计算机科学、公共行政、经济学、管理学和哲学等多个学科，他在《关于人为事物的科学》中提出了"设计是问题解决的过程"这一打破涉及传统边界的观点。到了21世纪，设计思维受到前所未有的重视，设计不再是应用美术，不再只对有形思维物感兴趣，而是可以对人为事物进行设计，包括无形的服务。

索斯泰克博士于1982年和1984年发表的两篇论文 How to design a service 和 Designing Services that deliver 里最早提出了对服务进行设计的想法和"服务蓝图"的概念，即将有形的产品和无形的服务活动综合在一起考虑的设计。在对服务进行设计的过程中，使用"服务蓝图"记录和安排服务过程中活动的序列和基本职能，并明确这些目标和达成的方式。服务的规划与设计活动一直被认为是市场营销和管理领域的一部分。直到1991

年，科隆国际设计学院（KISD）迈克尔·艾尔霍夫教授第一次将"服务设计"在设计领域里提出。之后，KISD在发展服务设计研究中一直处于核心地位。20世纪末，由于欧美公共服务和服务产业业态的大量需求，服务设计在英国和西欧地区开始萌芽，并逐渐在美国、澳大利亚、巴西等地区获得了广泛的认同，服务设计首先在实践方面积累了大量有价值的案例，同时也催了 live/work、Engine、IDEO 等以提升公共服务质量为任务的设计机构。随着这些机构和相关组织的探索和研究，服务设计在方法和工具层面都有了长足发展。

相对于产业界，教育界在服务设计上却显得相对滞后。2004年，科隆大学、卡内基梅隆大学、林雪平大学、米兰理工大学和莫斯学院联合创建了国际服务设计联盟——SDN（Service Design Network），致力于服务设计学术与实践的推广。该联盟是目前服务设计领域最具全球影响力和学术权威性的国际组织机构和资源分享平台，在全球23个城市设立了分部，拥有上万名个人会员、上百家企业会员，其中包括国际知名设计机构和设计院校。作为SDN在中国的分部，国际服务设计联盟（北京）成立于2012年，是立足清华大学，联合北京大学、中国社会科学院等多家机构和企业的服务设计联盟与研究支持机构，在国内倡导和鼓励中国产业界的服务创新，推动服务设计教育和学科发展。近几年，服务设计在国内得到了越来越多的重视，发展势头迅猛。据国际服务设计联盟（北京）的《2017年中国服务设计高等教育调研报告》统计，目前全国已有22所高校开设了服务设计课程，服务设计教育正蓬勃发展。

2.2.4　发展趋势

2.2.4.1　数字化新常态

2020年的冠状病毒全球大流行，为了应对新型冠状病毒带来的挑战，服务行业积极行动采用技术驱动以非接触服务成为所有服务领域的新规范。当使用数字技术并对服务实践进行重大改变时，服务的深层结构可能会发生许多潜在的变化。然而，采用数字技术是复杂的，通常会遇到阻力和耗时的调整。

在服务中采用数字技术的三阶效应表现为服务趋同（一阶）、服务再造（二阶）和动态服务（三阶），见图2.7。

图2.7　数字技术的三个阶段表现

1. 一阶：服务趋同

首先是直接应用数字技术来支持现有的服务程序。由于这里的数字技术与目标服务套路趋同，所以称为融合服务。数字技术在送餐服务上的第一效果将是开发一款让顾客从菜单上点餐以及让餐厅老板接收和确认订单的应用程序。这是在餐厅业主和顾客的手机上安装"订餐应用程序"的外卖服务实施过程中，餐饮业出现的"第一订单"变化。

2. 二阶：服务再造

二阶变化是对当前服务流程的修改。由于数字技术是瞬时的，而信息是协同的，因此利用数字技术对服务流程进行了重新设计。在正在运行的示例中出现的二级效应是将订单交付应用程序与餐厅中的销售点（POS）终端集成。一旦这些独立的应用程序安装在餐厅老板的个人电脑和/或手机上，他们开始发现他们必须重新输入订单细节到 POS 终端，从应用程序传输所有订单相关的信息。但是随着食品订单的增加，这些任务变得越来越麻烦和难以管理。

因此，他们通过将 App 订单与 POS 终端集成，重新设计了订餐流程。餐厅的点餐流程围绕着与点餐应用连接的新型 POS 终端进行了重新设计。POS 终端会自动响应来自应用程序的订单。这是外卖应用对餐饮企业的二次效应。

3. 三阶：动态服务

数字技术在服务中引起的三阶变化包括发展服务动态重新配置的能力。借助数字技术提供的情报能力、信息快速流动的优势和信息的协同特性，现有服务从底层重新概念化，产生新的服务类型。第三阶效应是共享厨房服务的发展。随着外卖需求的增长，餐馆可能会开始意识到他们需要本地化的厨房，以便及时将热食物送到食客那里。因此，一些外卖需求高的餐厅可能会在人口密集的地区开发一个共享厨房，让他们的厨师可以按时烹饪和递送热食物。共享厨房可能会带来不同的商业模式，比如共享供应链或客户基础。这可能成为一种具有动态重新配置功能的新业务模型。

2.2.4.2 服务生态系统转型

在服务主导逻辑中描述的价值创造过程，是一个交互和协作的过程，发生在服务生态系统中不同参与者之间独特的多重交换关系的背景下。服务生态系统代表了参与相互提供服务和共同创造价值的松散耦合，它们在必要时重新配置自己；它们是动态的，并且有可能自我调整。通过资源整合提供服务和创造价值影响系统的性质。反过来，这些动态决定了未来价值创造过程的环境变化。资源整合、服务提供和价值创造在一定程度上改变了系统的性质，从而改变了下一次交互和价值创造的确定背景。

在微观、中观和宏观社会互动水平上交叉和重叠的多个次级生态系统组成了服务生态系统。宏观层面的结构来源于中观层面的相互作用，而中观层面的相互作用又由微观层面的相互作用决定。因此，随着时间的推移，宏观层面的系统会对较低层面产生影响。在每个层面上，参与者都在共同创造价值并塑造社会环境。由此，在服务生态系统中共同创造价值是一个复杂的过程，涉及以独特的方式整合来自众多来源的资源，这反过来又提供了需要协调的新型服务的可能性。

在防疫期间，Monzino 启动了一项新服务，远程监测出院患者的心肺健康。这是一项尖端技术，患者可以通过安装在家中穿的 T 恤织物上的特殊传感器来控制自己的主要关键参数。该 T 恤提供的服务最初是为 Monzino 的临床心脏病患者开发的。远程监测通过一个可以下载到手机上的应用程序进行，每天记录患者一系列的基本数据，以了解临床情况的演变。通过不断分析控制中心的数据，接触病人至少一天两次评估临床进展，指示或集成现有的疗法，进而组织一系列有针对性的诊断测试，防止病人和他们的家庭感觉被遗弃或孤独。

2.3 服务设计的边界

2.3.1 服务设计与产品设计

服务设计与产品设计的区别在于：其所涉及的相关利益者通常数量更加庞大，触点的数量和范围更加广泛，而且所有这些交互持续时间相当长。工业设计要做的是把握产品的外观设计、CMF、物理产品的场景定义，用户行为需求，产品定位、成本以及市场情况等元素间相互平衡的关系，并将这些最终呈现在一个量产的产品上，如手机、智能设备等。目前，服务设计在国外主要用于政府、社区、城市规划、空间、服务等行业，这些行业以服务为主，是流程化的。服务设计是由于传统设计（工业设计、平面设计、室内设计等）无法解决一些更复杂的问题而演变出以整合为导向的设计方法。往往要求基于用户需求出发定义问题、设计流程，再设计触点方案（方案有工业设计、交互设计等）。

2.3.2 服务设计和平面设计

对于任何产品或者服务而言，没有平面设计元素的介入是不可能的。导向系统、用户接口、象形图、包装、表单或者手册，大部分的服务触点都需要平面设计的介入。平面设计就好像是提供一个视觉的解释，解释你的服务与用户之间的关系，对于任何产品以及服务来说，基本上没有平面设计元素不介入的。

2.3.3 服务设计和交互设计

服务就是客户和服务系统之间的系列互动，这种系统通过客户历程中的许多不同触点来完成。对于产品设计而言，是产生一个实用的、以用户为中心的产品。交互设计是做好人与其他东西的互动方式，平面设计在于让人们看到这个平面是否有喜悦感，服务设计的产出是结合用户需求和客户需求，共同去创造新的社会经济价值。新的社会经济价值即是服务设计最好的产出，一个好的服务所带来的有可能是品牌价值的提升，也有可能是一个好口碑的建立。

思考题

1. 服务主导逻辑下服务提供者的角色有哪些转变？
2. 如何看待服务逻辑下的价值创造？
3. 请从不同角度说明服务设计与产品设计的区别有哪些。

第 3 章
服务设计的内容与类型

● 学习内容

服务设计的内容；产品服务系统策略；服务设计的关键因素。

● 学习目标

本章主要介绍了服务设计的主要研究内容，为同学们学习"服务设计"这门课程做初步的了解。

服务设计并非设计学自身发展的产物，它是一个跨学科的交叉领域。各学科对于服务设计的不同关注，不仅推动了服务设计的学科发展，也为服务设计理论体系的统一建构带来了难度，而这也是目前服务设计研究所面临的挑战与机遇。

从心理学角度出发，服务设计可以被定义为：以有形和/或无形的方式，从用户（服务接受者/提供者）的角度出发，结合服务环境（线上和/或线下），进行的行为、过程和体验的系统化设计，使服务变得有用、可用和被需要，以及高效、有效和与众不同。简而言之，服务设计就是对服务场景中用户行为、服务过程及用户体验的系统化设计。

3.1 服务设计的内容

服务从产品附加价值到核心主体的变化，使得企业的关注点和设计内容的转变。当服务作为产品附加价值出现的萌芽期，设计的核心依旧在于产品本身，产品的功能、技术、造型等自然属性会对产品功能表现、用户体验等造成一定的冲击。此时，服务的价值除了更多体现在产品生产方在营销、卖场和售后等环节之外，还体现在对消费者用户信息或产品维护等需求的满足。

当服务成为商品的核心或主体，服务成为一个综合了多种物质基础、多样化的非物质条件和复杂社会互动的多元商品。消费者关注的不同服务元素中，有可见的物质基础和物理环境，有非物质的时间、品质和态度，有必须满足的基本心理预期要求，还可能有超出预期之外的惊喜。此时，设计师所关注的内容则包括"传统的流程管理，合理地组织资源、设备和人力高效地完成特定的任务，逻辑决策和战略路径策划，乃至在特定场景里通过对行为的规划构造智慧且有意义的经历。设计决策的核心主题是链接和结果，设计师在探索不同的关联性以及由此产生的不同的行为结果、感受和经历"。

服务从附加价值到核心主体的转变，反映了整体产业环境和游戏规则的改变。约瑟夫·派思和詹姆斯·吉尔摩提出了经济从大宗商品到百货商品、服务，乃至体验的经济价值递进关系的理论，即体验经济理论。由于服务商品和消费者需求的高关联度，以及其差异化特性带来的价格和竞争优势，促使更多的企业试图从传统百货商品经济模式向服务经济过渡。

以咖啡为例，当咖啡豆以大宗农业商品出现时，它是相对低级的原材料类型商品，其品类差异化主要受地理、气候条件影响，定价往往以生产成本为主要依据，其主要销售领域为传统的农贸市场或大宗商品期货市场，利润空间相对有限；当作为大宗农业商品的咖啡豆被不同经销商经过筛选、包装，在不同渠道上针对终端客户进行品牌化销售时，有针对性地综合考虑产地、筛选标准、包装工艺、品牌定位、渠道选择、营销手段等多种因素，让咖啡豆或已经磨制好的咖啡粉与目标客户之间关联度更高，定位范围也会更宽；当消费者选购咖啡的时候，尽管咖啡的原材料依旧是满足其消费动机的重要环节，但消费者所支付的远远不只是咖啡的原材料本身，还有服务提供者的制作时间，调制咖啡的专业能力、舒适的空间环境、消耗的杯子和餐巾纸，以及水、电等成本。随着服务内容和品质的不断提升，消费者在饮用咖啡的同时，高品质、个性化的服务可能会带给消费者享受的体验，星巴克的第三空间理念是从服务消费升级为体验消费的典型案例。咖啡从大宗商品到百货商品、服务、体验的升级，也反映了经济从农业经济到实体工业经济、服务经济和体验经济的经济模式和价值的演进。当服务作为独立商品存在的时候，往往就是传统百货商品在不同经济环境和商业模式下的不同体现。

设计学领域提倡的"产品服务系统"理念虽然没有像经济学那样强调服务作为商品的竞争优势，但是提倡用服务或部分服务取代传统实体商品，只不过产品服务系统是从可持续发展理念的角度，去探讨产品和服务之间转化的多种可能性。在满足同样需求的前提下，用更多的服务取代产品，可以更合理地利用产品生命周期提高使用效能，降低材料或能源损耗，从而达到对环境最大限度的保护。以家具为例，如果消费者购买的不是家具，而是一整套家具租赁服务，家具企业可以通过有计划的系统回收，使消费者获得不断更新的家居环境的同时，还可以避免家具报废造成的大量资源浪费。在美国，类似的商业服务行为在汽车销售领域已经尝试已久，20 世纪 90 年代后期，汽车租赁就已占据美国 25% 的市场份额，虽然其初衷更多的是通过租车贷款鼓励消费能力有限的消费者购车，但它的确也起到了"产品服务系统"类似的效能。在欧洲，荷兰政府在 1993 年就提出了可持续技术发展政策（sustainable technology development，STD）来支持共享公共服务。近年来日益增长的共享服务既是服务经济发展的必然结果，更是可持续发展理念的充分体现。

目前，学术界不仅仅对服务设计概念有不同的解读，在服务设计实践过程中由于语境、立场、目标等原因的不同，服务设计理念也不尽相同。在设计立场和原则提供了理解不同服务理念和方法的重要线索：是要以提高效率为目标，还是为了在完成任务的基础上创造更大的价值。

3.1.1 基于效率或功利主义的服务设计

萧斯塔克（Shostack）提出的服务蓝图以可视化的方法来描述了服务流程中的各个关键节点，形象地展现了影响服务质量的关键性要素，是效率和实用主义设计的重要代表。服务蓝图作为设计方法，包含了四个关键部分，即定义流程、找出服务接触点、确立标准服务时间和盈利分析（图 3.1）。显然，他的设计理念来自于管理学领域，他倡导运用工程化的思想和系统化的流程，提升企业的服务效能和业务利润。

定义流程 → 找出服务接触点 → 确定标准服务时间 → 盈利分析

图 3.1 基于效率或功利主义的服务设计

3.1.2　基于意义创造的服务设计

区别于功利主义，基于意义创造的服务设计更关注服务过程对参与者身心的影响。自2012年开始，星巴克的服务员会礼貌地询问顾客的姓名，并把顾客的名字写在杯子上。从效率和功利主义的角度看，这未必是好的服务设计，因为它可能增加服务的时间成本，并且未必所有的顾客都愿意把真实姓名告诉并不认识的星巴克员工。但从另一个角度看，这一举措能够让星巴克的员工与顾客建立一种"朋友"关系。当顾客听到星巴克服务员呼唤自己的姓名，而不是呼唤"拿铁"或"摩卡"的时候，他们不再只是纯粹的消费者，而是被尊重的个体。正如布坎南所说，"以人为本的设计从根本上就是主张对人的尊贵"。星巴克这一看似不起眼的服务创新，其实就是服务设计在社会生活中的意义构造，不仅为消费者和服务提供者的合作创造了一个全新的过程，也为我们的其他生活经历提供类似的价值和意义的参考。

唐纳德·A.诺曼和罗伯托·韦尔甘蒂在《渐进性与激进性创新：设计研究与技术及意义变革》中这样解释意义驱动的创新：意义驱动的创新开始于对社会文化模式中隐形动力的理解，从而产生全新的意义和语言——也往往意味着社会文化制度的改变。20世纪60年代发明的迷你裙就是一个很好的例子：迷你裙不仅仅是一件裙子，更是全新的女性自由的象征，它代表着社会的激进性变革。显然，意义驱动的创新改变的不是某一个客观的产品或服务，而是人们看待客观事物的角度和立场。在微观层面，角度和立场的改变将影响人们的价值观、行为习惯、社交圈、消费习惯，而这也为设计干预生活方式提供了不同的可能性；宏观层面，当社会集体的意义重新建构，就是诺曼和韦尔甘蒂所说的社会文化制度的改变。

结合前文对服务经济语境和服务设计立场、原则的选择，可以从四种不同的维度理解服务设计，它们依次为意义塑造、生产加工、流程再造和范式转变（图3.2）。

图3.2　基于意义创造的服务设计

图3.2左下角象限中，当服务在商业环境里以产品的附加价值的形式出现时，效率往往成为了服务决策的主要原则，工程思维是有效的手段和方法。随着信息、大数据、虚拟现实、通信等技术的不断成熟，人们可以注意到一种潜在的发展趋势：效率或功利主义主导的服务有可能被人工智能或机器人取代，银行、航空公司等运营商推出的各种自动电话服务就是人工智能取代人工的典型案例。

在图3.2右下角的象限中，服务是商品的核心主体，但设计过程中秉持的仍然是效率和功利原则。比如，在传统接待或餐饮服务中，尽管服务提供商会尝试不同的差异化手段，但常常局限于通过服务流程的规划以保证服务质量的稳定性和可靠性，及合理地节约成本。在这里，效率原则和管理工程的思维同样会主导服务的设计和生产传播。在不少连锁餐饮服务中，标准的服务流程、精准的时间节点、职业化的微笑，都会让消费者感受到专业和高效，但却很难在服务的互动中，让消费者感受到因为个性化服务带来的惊喜感。

在图3.2左上角象限提到的产品服务系统里，当服务的比重不足以让它成为商品的核心主体，服务依旧是依附于产品载体上的附加价值，但这一附加价值除了可能带来的消费者用户体验的优化之外，还有一个重要的外延价值，那就是生态和可持续发展目标。

在图3.2右上角象限里，服务是商品的主体，意义创造是设计的重要目标。比如，去过迪斯尼游乐园的人可能会发现，迪斯尼的"工作人员"（工作人员在迪斯尼通常会被视作演员）虽然热情、规范，但他们没有其他旅游接待行业常见的职业化的微笑。迪斯尼鼓励"员工（演员）"在察言观色中与消费者进行个性化的互动，通过互动和角色扮演创造差异化、个性化的用户体验，给顾客留下长久的记忆。因此，很多家庭去迪士尼游玩，未必是为了某个特定的游乐项目，他们期望的是在一个特定环境中获得一份值得家庭长久珍藏的共同记忆，以及由此产生的家庭成员之间的对话与沟通机会。当体验个性化的时候，你有可能在改变一个人，而这就是服务传递过程中人与人之间共同参与的意义创造过程，也是服务设计的最高层次。

基于意义创造的服务设计理念的另一个重要的体现在于服务设计对组织，尤其是对组织文化的影响。与物的体系不同，组织机构是一个有生命的体系，在这个体系中，所以参与者都起着举足轻重的作用。组织里的人会通过设计去改变或适应不断变化的组织，也就是社会生活的环境。近年来，用服务设计理念改善就医体验或改善政府公共服务的设计案例不断涌现，虽然很多人关注的是用户体验本身，但实际上用户体验的改善，离不开组织机构自身的改变，如设备、环境、流程、行为举止，乃至组织的使命和愿景等多个方面。

3.2 产品服务系统策略

许多工业制造公司推出服务业务是普遍的趋势，特别是那些生产耐用品的部门。这种转变在研究中称为服务化过程，被定义为"提供更全面增强的以客户为中心的市场'组合套餐'，包括商品、服务、技术支持、自助服务和以增加产品核心价值的知识"。服务化使得公司提升了自身的竞争力，得益于财务、营销和战略优势等因素带来的公司产品中的服务整合。

如今，服务化比以往任何时候都更受到客户驱动的影响。通常与服务化过程相关的研究领域称为产品服务系统（PSS）。1999年由古德库配（Goedkoop）首次提出产品服务系统的定义："产品服务系统是由产品、服务、网络玩家和基础设施的不断更新迭代以满足客户需求，它对环境的影响低于传统业务模型。"

曼奇尼（Manzini）指出，产品服务系统是一种创新战略，支持实现客户个性化需求。图克尔观察到，产品服务系统能够提高客户忠诚度并建立独特的关系，因为它能更好地满足客户需求。因此，我们也可以将产品服务系统视为一种增强利益相关者社会价值和经济价值的社会系统。

产品服务系统的优势已经在许多研究中得到证实，但如何高效地进行业务经营仍存在很多问题。最好的实践和经验分析主要集中在较大的企业。尽管如此，产品服务系统的案例越来越被更多企业所认识，并以此寻找其创新的商业解决方案来提高竞争优势。

3.3 服务设计中的三个关键因素

（1）动作。动作是服务所特有的，这对于理解服务设计和管理服务至关重要。动作是指服务过程中的行为表现，是用户从第一次接触到服务到购买、使用以及离开服务过程中的行为表现。服务通常要面对成千上万的用户，因此动作也包含管理者的动作，在不同的时间段内，这种管理动作是影响顾客需要的重要因素。动作是用户旅程、用户故事板、服务流程的基本组成单元，对于任何企业和政府而言，为了实现以客户为中心的目标（例如吸引，获取和留住用户），首先要了解动作设计的重要性。

（2）结构。由于服务是非结构化的，它们通常是由许多不同部分组成的。例如，公共汽车服务是由车辆，驾驶员，时刻表，价格等组合的。与产品的组件不同，这些元素处于服务交付的不同关键点，并非始终存在。服务的结构可以使用多种渠道来提供，可以是团队、部门或职能方面的组织结构，也可以是业务绩效等衡量指标的结构。我们使用结构对服务的不同方面进行分类，并将复杂的组合分解为可管理的元素、可分开的、重要的与并行的。了解服务中的结构能够更好地组织服务，并以一种统一的形式提供服务。

（3）行为。行为是在动作和结构交叉时发生的。用户在不同阶段中表现如何？他们何时改变行为？他们在不同的情况下或在人生的不同阶段表现如何？技术如何运作？通过将行为置于动作和结构的框架内，我们可以更好地了解用户、员工或技术的当前行为，我们也可以设计新的行为。一旦我们可以通过设计来影响行为，我们就可以真正开始影响经营业绩。

3.4 服务生命周期

服务生命周期指的是分阶段地描述用户如何从最初意识到一项服务，转变为使用一项服务，并最终更新或离开的全过程。服务生命周期能够帮助我们了解大多数用户如何体验服务的框架。服务生命周期描述了组织与其用户之间的关系，使我们能够以用户的眼光来看待一项服务或整个行业。

服务生命周期可以帮助我们了解用户行为在哪些方面对服务的成功产生重要影响，同时也可以帮助我们分析用户体验和用户行为，以确定服务失败或可以改进的方面。这为企业更好地为用户服务提供了强有力的策略。

3.4.1 服务生命周期与用户行为

服务生命周期的关键用途是帮助了解市场趋势或用户行为如何影响业务部门。通过将数据映射到生命周期，我们可以看到用户行为模式的变化。例如，我们绘制出用户的行为图，包含人口统计、细分市场转换或流失客户的百分比，就可以直观地看到这些变化，并得出它们与用户价值或数量的关系。

3.4.2 服务生命周期与外部分析

服务生命周期也可以实现更多的服务外部分析。例如，将客户投诉或故障点映射到生命周期，可以发现服务生命周期与企业外部问题的关系。这种分析可以使用现有的客户数据，如投诉分布、满意度等进行，也可以通过其他数据捕获来确定问题。通过服务生命周期与外部问题分析的结果，我们可以清晰地确定哪些外部问题影响了多数用户，例如阻碍了业务绩效或造成不必要的成本，这对于确定行动的优先级是至关重要的。

3.5 用户行为与商业行为

服务构筑了一个人与人互动的复杂场景，而单个人的行为表现、运动轨迹和服务架构仅为理解和设计服务提供了一个框架，但实际上服务设计的内容要复杂得多，这是因为我们处理的是多人或组织间的复杂行为。服务设计可以帮助我们设计多人或组织间关系，从而为用户提供令人满意的服务体验。

3.5.1 用户行为

长期以来，人类行为逻辑一直都是我们不断努力去探索的的内容，行为经济学从顾客的行为内部逻辑出发进行研究，帮助研究者与服务设计组织者理解人们所做的合理或不合理的行为。但首先要明确企业与用户的动机与目标，因为两者存在较大的差异性。用户关心他们的日常生活和工作，而企业注重商业策略和实践，不同的动机意味着不同的行为。服务设计的目的是提供更好的沟通桥梁，以通过将对用户需求的洞察转译为吸引用户时的商业方式。

3.5.2　商业行为

商业行为是指依商法所规定的商事主体以营利性营业为目的而从事的行为，商业行为的营利性，是指其根本目的在于赚取成本与收益间的差价，即利润。商事活动中，利润是最终的追求目标。为了促成这一目标实现，商业主体投入资金购买（或租用）原材料与劳务，生产产品（服务）售出以赚取成本与收益上中间的差价，或是购入商品（服务）再售出以赚取利润。因而，"取得-让与-利润"的结构是商事活动的基本结构。

3.5.3　商业行为与用户需求的关系

首先，由于业务目标可能与用户目标不同，因此商业行为与用户需求两者动机之间存在着一种紧张的关系。其次，大多数企业旨在扩展和服务大多数用户，往往通过标准化以提高效率，而用户更多希望满足其特定需求。最后，公司里的员工都是在一个有组织的环境里工作，他们主要关注的是与客户无关的同事、层级和架构。这三个因素极大地影响着企业经营和用户体验的行为。行为动机的紧张关系意味着企业会为自己的利益行事，而用户对此会产生怀疑。无论是私人企业还是国有企业，都是如此。规模和效率的紧张关系意味着企业将趋向于批量化对待用户，为满足管理需求而制定业务。用户则会感觉到该业务是非个性化和机械性的服务。内部或外部的紧张关系使得用户时而产生有差别的使用感受，特别是当他们从一个部门转移到另一个部门或在过渡性的服务中时。

思考题

1. 借由案例，宏观地了解服务设计的主要内容是什么？
2. 基于意义创造的服务设计是什么？可以列举1～2个你了解的案例说一说。
3. 服务设计中的三个关键因素是什么？

第 4 章
服务设计的方法与工具

服务设计的方法与工具

● **学习内容**

服务设计的程序与方法。

● **学习目标**

本章介绍了服务设计的一般程序,以及设计过程中会用到的一些方法,如设计调研方法、原型设计方法和服务设计评价方法等内容,使学生对服务设计程序与方法有一个宏观的认识,为服务设计实践做好准备。

2004 年,英国设计委员会提出双钻石模型以反映设计流程(图 4.1)。双钻石模型中,前两个阶段是探索与定义阶段,对应问题的发散与收敛;后两个阶段是制定与执行方案的发散与收敛阶段,从本质上看,设计的过程是将混沌发散的思维不断收敛的过程。探索阶段,源于内外部因素驱使,在充分观察、询问和理解目前系统情况的基础上,展开研究;定义阶段,是基于上述阶段对设计对象的理解,着手把已有的洞察整合,并以首要问题为主,定义问题空间。在这个阶段,源于上一阶段的观察和洞见,逐渐收缩至核心问题。深入阶段,是在明确定位后,探索、创造并开展创意思考,寻求可行方案;执行阶段主要进行原型设计、视觉设计,通过不断的验证,迭代模型、推进设计,明确最佳方案。

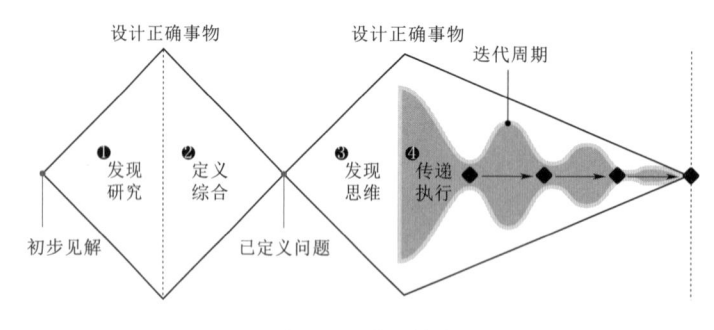

图 4.1 双钻石模型

服务设计的程序与一般设计过程大抵相同,不同的是服务设计是一种创新的设计管理模式,设计师是整个服务流程的策划者,定义问题需求,制定服务战略,以视觉化的方法和创新思维能力解决问题。因此本书依据双钻石模型,提出服务设计的四个阶段,即需求分析阶段、创新设计阶段、组织实施阶段和服务评价阶段。整个服务设计的过程是非线性的、迭代渐进的。

自 20 世纪 80 年代以来,随着服务经济在国家和全球经济占比日益突出,服务设计进入了人们的视野。随着信息技术的不断发展，服务设计的发展经历了从传统的以实体产品作为设计输出的设计时代，转变为融合实体产品与数字产品的系统设计时代。在"产品观"与"交互观"两种设计视角不断融合之下，服务设计的方法体系得以成熟。本章将从工业设计、产品设计、交互设计、服务设计、系统设计等学科角度，全面探讨服务设计各个环节中常用到的方法与工具。

4.1 人物角色

人物角色又被称作用户画像，是与服务系统相关的虚构的用户档案，每个人物角色代表一类潜在的细分群体。虽然人物角色是虚构的，但反映出的动机和行为是真实的。人物角色是以用户为中心的方法（user center design，UCD）中最重要的一个工具，通常基于用户的目标、行为和观点来定义。本书之所以没有用"用户画像"一词，而是用最传统的 Personas 直译词汇"人物角色"，是因为虽然用户体验在中国已经走过了十年的历程，但服务设计不是用户体验的延伸。两者最大的差异在于用户体验只关注产品或服务的接受者——用户，而服务设计关注的是全链路，包括产品或服务的接受者——用户、产品或服务的提供者和其他利益相关者（图4.2）。为便于探讨，以下提到的用户泛指上述三者。

人物角色使设计者聚焦于特定群体的服务需求，而给特定服务群体提供优质服务比给大量用户提供部分服务更容易带来商业模式的成功。人物角色往往是真实的、具象的，能够引起设计者的共情，虽说"设计者不是最终用户"，但是人物角色在一定程度上帮助设计者站在用户的角度做出设计决策。除上所述，人物角色还帮助设计团队在项目初期达成共识，避免设计过程中因理解和期望不一致导致争论，从而提升效率、做出更好的决策。

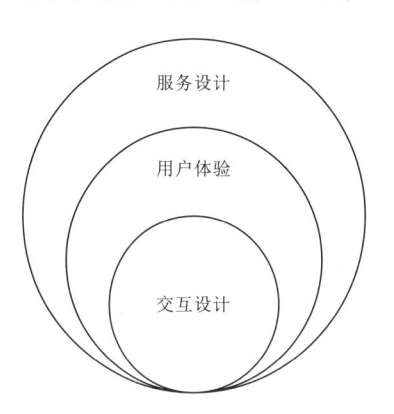

图 4.2 交互设计、用户体验和服务设计的范围

4.1.1 用户调研

人物角色的构建是建立在用户调研的基础之上，是用户调研阶段大量用户行为反馈的整合，反映服务环境和行为互动的真实性。

用户研究方法分为定性研究方法与定量研究方法。定性研究是从少量用户中获取新见解的方法，关注用户的目标与观点、行为，以及两者之间的关系，具有实施成本低、成果价值高、开放式的特点。定量研究方法分为探索性定量研究和验证性定量研究两种。探索性定量研究采用统计学方法，通过对用户数据的科学计算，获取用户群体的观点与行为，如通过 K 均值算法细分用户群体并明确群体间显著差异。验证性定量分析用大量样本测试和证明某些结论，帮助设计者验证定性研究中发现的假说。以用户为中心的方法要求设计者洞察用户的需求、动机和行为，但在为最终洞见提供有价值的数据方面，定性研究要优于定量研究。表 4.1 是常用的用来收集用户目标、观点与行为的定性与定量用户研究的方法汇总。

表 4.1　　　　　　　　　　　　用户研究方法汇总表

项目	定 性 研 究	定 量 研 究
目标与观点	日记研究、用户访谈、参与式设计、焦点小组、卡片分类等	调查问卷、主观评价等
行为	可用性测试、行为学测试（眼动）、认知神经测试（脑电）等	数据挖掘与分析、网站日志、A/B 测试等

4.1.2 构建人物角色

人物角色构建方法包括定性人物角色、经定量验证的定性人物角色、定量人物角色。

1. 定性人物角色

定性人物角色的构建首先需要依托定性的用户研究方法，如用户访谈、日记研究，收集用户的目标、观点和行为的细节数据。其次，挖掘用户关键差异点，细分用户群体。根据人们的共同点，将具有相似特征的用户归为同一用户群组，将典型特征差异显著的用户归为其他不同群组，且用户群组之间在目标、观点或行为等模式上应具有明显的差异。例如，按照自驾游经验对自驾群体进行用户细分，可分为城镇周边游、跨省短途游和专业长途游。最后，为每一定性细分群体创建具体、真实的人物角色卡片（图4.3）。

图4.3 定性人物角色构建流程

需要注意的是，细分群体应尽量覆盖广泛用户，且群体之间差异性显著。细分依据可以是一维、二维、三维或多维指标联立。一维用户细分依据建议采用用户目标或使用周期。例如，按照用户目标将浏览找房网站的用户群体分类为买房群体、租房群体、卖房群体；按照使用周期将手机使用者分为新手用户、中间用户和专家用户。二维细分依据用两个维度交叉列联来共建分类依据，共同描述用户特征，通常使用观点与行为二维联立来细分用户群体。举例说明，从使用频率（行为）和领域相关知识（观点）来共同描述电商用户，可以分为不经常使用网站也不懂购买目标领域的新手用户、经常使用网站但不懂购买目标领域的冒险者、不经常使用网站但了解购买领域的聪明者、经常使用网站也了解购买领域的专家。除此以外，也可尝试从多维度共同描述细分群体。对于定性人物角色而言，用户细分是一个与性质有关的过程，人物角色的效果依赖于设计者的经验和主观判断。

2. 经过定量验证的定性人物角色

如图4.4所示，经过定量验证的定性人物角色构建方法，相比于定性任务角色构建方法，多了一个"验证性定量研究方法"环节。

图4.4 经定量验证的定性人物角色构建流程

定量验证方法借用数据证明定性细分是真实可信的，一般基于SPSS等工具计算不同人群的关键变量是否有统计学意义上的显著差异。

3. 定量人物角色

定量人物角色的构建，是在采用定性用户研究获得了一定的用户洞见和假设的基础上，把潜在的细分属性作为变量,使用统计学方法,如 K 均值聚类等算法,输出细分维度和人群类型,最终实现定量用户细分(图 4.5)。

定性的用户研究方法 → 假设 → 探索性定量研究方法 → 根据用户目标、观点和行为细分用户群体 → 为每个细分群体创建人物角色

图 4.5 定量人物角色构建流程

探索性定量研究方法的关键在于定量数据应对人物角色的构建产生影响,无关的数据会干扰定量人物角色的构建。这也是为何定量研究要在定性调研后展开。定量研究方法有调查问卷、网站日志等,不同数据来源有不同的优点和缺点,选择最佳数据来源,或整合多渠道数据来源,能够促成人物角色的成功。

定量细分的过程是:首先基于设计者对用户群体的理解,选择更适合描述人物角色、且人群之间差异性较大的属性,构建属性子集。其次选择适合的定量分析方法。以 K 均值聚类算法为例,设计者指定细分群体数量(一般细分用户群体的数量应该为 3~6 个,如果使用 K 均值算法聚类细分群体,给定的细分群体数量会影响群体质心位置,即每类人群中最典型的用户形态)。再次建立速查表,将定量细分后的人群关键差异变量填入表内,验证细分选项是否能够揭示人群差异。最后描绘细分群体,生成每类人群的典型人物角色卡。

相比于定性人物角色,定量人物角色的构建过程更科学、严谨,但成本高、耗时长。同时,数据来源的选择、定量方法的选取、细分群体划分数量和作为分类维度的关键变量的选择等因素,对细分群体有效与否起着至关重要的作用,高度依赖于设计者对用户群体的判断。

4.1.3 描述人物角色

构建人物角色的最后一个环节,是以人物角色卡片的方式表达每个细分群体。人物角色卡片应从个人信息、行业信息和服务使用情况三个角度进行描述。人物角色卡例见图 4.6。

图 4.6 人物角色卡示例

1. 个人信息

为了使人物角色生动、真实，个人信息应包含姓名、照片、职业、性格、年龄、爱好、居住地和经典语录等。需要注意的是，个人信息不需要与真实被访者信息完全吻合，最好是经过设计者特殊设计的、能够充分代表当前人物角色特质的一系列虚构的个人信息。

2. 行业信息

行业信息指用户对于服务所属行业的了解情况，包括以往行业相关的经历、当前行业需求、未来计划、动机和痛点等。

3. 服务使用情况

服务使用情况包括服务使用经验、服务系统涉及到的设备/互联网使用情况等信息。

为了区别不同群体的人物角色卡，关键差异应标注在卡片明显位置。

4.2 服务情境

服务情境通常与人物角色配套使用。服务情境是对服务所做的故事性的假象，是具有丰富的服务细节和行为含义的服务情境讲述，多用于创意和评估的环节。服务情境关注长时间、动态变化的过程。

4.2.1 构建要素

在创意阶段，人物角色与服务情境可以辅助讲述服务故事，帮助团队洞察问题与机会点。服务设计师的角色好比"作家"，编织关于服务的生动故事，创造体验，而不仅仅是从产品工具质量的角度去探讨如何完成任务，打动用户即"读者"。以智能手机为例，手机作为一种通信工具，但是仅仅满足用户接打电话这一任务就够了吗？显然对产品的工具属性进行设计和完善是不够的。以苹果手机为例，最早的苹果手机，通过 itunes 和 App store 平台，将软件、硬件无缝连接，实现了整体服务的设计。后物质时期的服务设计，比起单纯设计好一件产品，更重要的是设计师讲好一个故事。服务情境能够帮助团队成员快速的置身于服务环节中，设身处地地发现当前环节存在的问题。

服务情境的构建应包含三个关键要素：服务所处环境、硬件/软件环境和人物环境，其作用是用来讲述人物角色身处一定的环境中，为完成某目标执行一系列任务和操作。构建服务情境时，要注意环境之间的切换与变化、人物的变化、特殊的环境以及特殊的条件。

4.2.2 情境构建工具——故事版

故事版产生于 19 世纪 30 年代，主要用在动画的制作，由华德迪斯尼发明，是一种用视觉化的手段描述整个事件的方法。后被广泛用于设计行业中，用于帮助设计者了解系统复杂性、帮助展现和理解复杂的用户使用场景、识别系统现有不足与挖掘创新机会点，具有可视性、可记忆性和帮助设计者建立同理心等优势。

故事版包含角色、场景、脚本三个要素。角色是系统利益相关者，场景指服务直接、间接发生的场地与情境，脚本是由用户与系统之间触点所连成的故事线，交代故事的起因、经过和结果。三要素经过合理编排与设计，共同讲述用户痛点与需求、服务所处复杂场景、触点设计、人与服务系统的交互方式。故事版的绘制首先要通过文本和箭头，简单地构建包括上下文情境、触点、人物在过程中遇到的问题、决策和解决等内容的故事；其次为每个步骤下的主人公添加情感标签，帮助看故事版的人感受用户的思想变化，增强同理心；最后将以上每个步骤的故事构建成故事框架,精心绘制(图 4.7)。

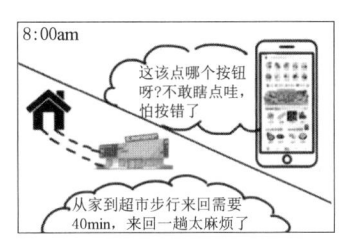

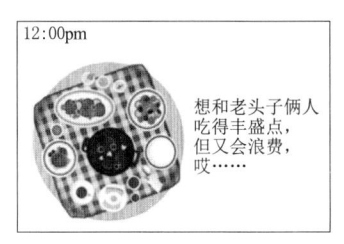

图 4.7 故事版示例

4.3 用户体验旅程图

用户体验旅程图是以视觉化的方法帮助展现整个服务过程中用户的行为、想法、感受与体验,绘制过程能够帮助梳理和分析现有服务,最大限度地体现和反映出服务过程中各种复杂的逻辑,帮助逻辑的重组和规划,实现逻辑创新。它是一种不可多得的帮助设计师洞察整体、理清思绪、看清整个服务设计和用户体验过程的方法,借由用户体验旅程图视角实现"从内至外"到"由外至内"的转变,带来用户体验的改良与服务设计的创新。

4.3.1 明确视角

用户体验旅程图的构建首先需要明确视角,即以谁的视角来构建整个服务流程和体验。不同的用户,人物角色与服务系统交互的行为、想法、感受与体验也是不同的。因此,在构建用户体验旅程图前,明确当前旅程图所描述的用户主体是谁是很重要的。

4.3.2 划分阶段

在明确了服务设计整个过程的基础上,通过步骤分解一般将阶段划分为获知、使用和离开三个阶段。获知阶段指用户最初开始了解到某一服务到选择服务,产生使用意向;使用阶段指用户与服务发生交互的过程;离开阶段指用户结束服务,以及后续维护关系时发生的服务。根据服务系统分析的目标、考察周期和服务类型的不同,阶段划分也可采纳其他划分方式。如果觉得阶段划分过于笼统,可以将阶段拆成更加详细的步骤。以入住酒店为例,使用阶段可以继续拆分为办理入住、入住等环节。

4.3.3 填充行为、想法和感受

在实施过用户研究并获得了一定洞见后,就可为该人物角色与服务系统接触的各阶段填充关键行为、想法及感受了,这里的接触可以是人与人的接触、人与物的接触以及人与环境的接触。需要注意的是,应该根据项目要完成的目标来确定旅程图的粒度。如果粒度太小,旅程图陷入细节,就会降低宏观描述能力;如果粒度太大,难以发现

问题,而且旅程图会显得不够真实。因此,在为阶段填充具体的行为、想法、感受时,应当关注对服务体验贡献最大的关键点。

4.3.4 明确触点渠道

根据用户的行为,旅程图上应有用户与服务产生直接或间接接触时的渠道。例如,在预订酒店时,触点渠道可以是电话、官网、三方预定平台、手机官方 App、官方公众号等渠道。明确触点渠道有利于体验连贯性与发现服务中的断点,进而启发更好地跨渠道服务体验的思路。

4.3.5 导出机会点

描绘用户体验旅程图是为了以可视化的方式,发现当前服务系统存在的问题、用户的痛点与需求,最终产出创新机会点。真正好的服务体验,不是单独看待触点问题进行基于技术或者产品功能的改良创新,而是基于系统及组织架构的创新得来。可以尝试从以下方面产出机会点:

(1) 触点创新:包括实体产品、数字产品在内的触点基于技术的功能改良和创新、人际关系的服务设计等。
(2) 系统及组织架构创新。
(3) 逻辑流程创新。
(4) 服务搭配创新:例如线上线下购买、送货服务以及后期服务支持之间的搭配套餐设计等。

4.3.6 描述表达

完整的用户体验旅程图应包含三部分内容:头部展现人物角色相关的个人信息、与其他细分群体的关键差异点、目标行为和观点、使用情景;中部主体核心区由上至下分别展示阶段划分、二级详细阶段(如果有的话)、关键行为点及触点渠道、每个阶段的想法、感受和体验;底部展现用户体验旅程图导出的结论,即服务系统改良和创新的机会点(图 4.8)。

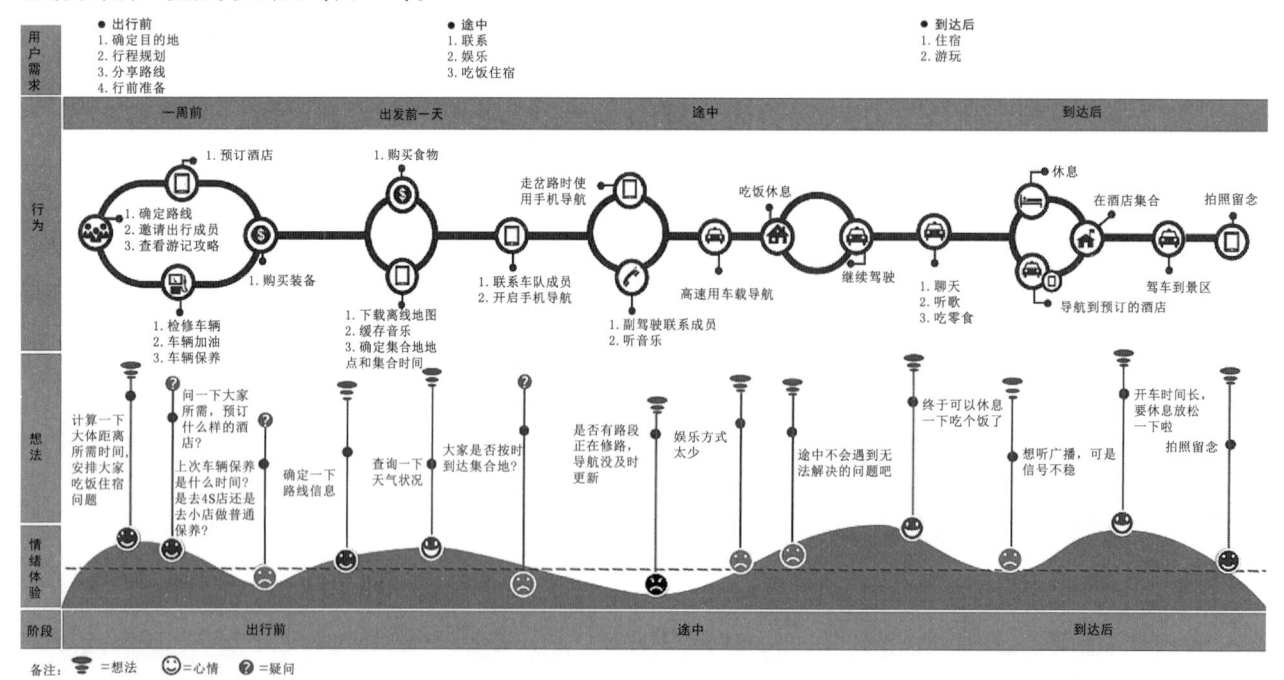

图 4.8(一) 长途自驾旅程图示例

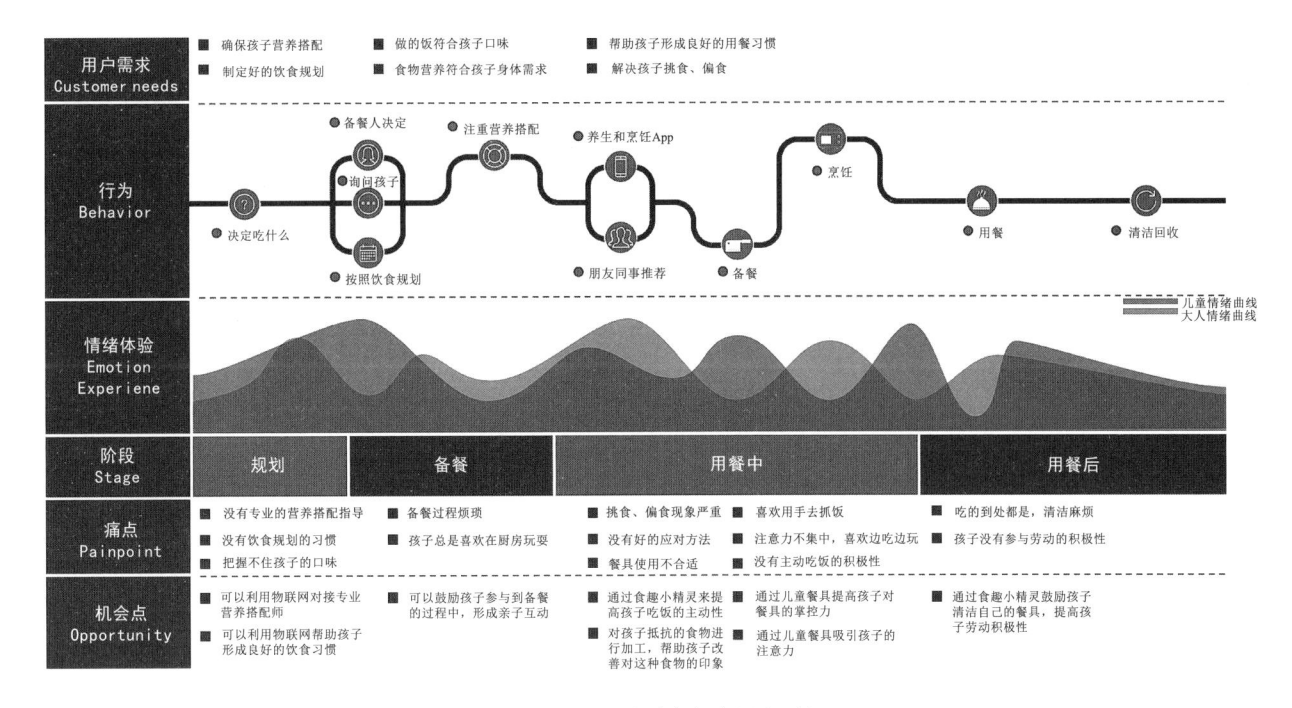

图 4.8（二） 长途自驾旅程图示例

4.4 用户访谈

用户访谈是用户研究中最基础且能带来最大回报的调研方法之一，是每位设计者应掌握的基本方法。用户访谈采用交流的方式，了解用户对服务系统的动机、信念、态度和感情。这是用户访谈法优于观察法、问卷法的地方。观察法帮助设计者了解用户行为，但行为过程中的所思所想却难以获知。问卷法帮助设计者获得特定问题的答案，答案的真实性在一定程度上优于访谈法获得的数据，因为访谈时近距离一对一（一位主持者和一位被访者）或二对一（一位主持者、一位记录者和一位被访者）谈话，往往对被访者造成一定的心理压力，被访者出于自我保护有时会在个人隐私、道德伦理等方面的问题上给出虚假答案。单人的用户访谈相对焦点小组，方便主持者将全部注意力用于抓住每个不同的意见，也更加容易获得用户真实洞见，因为在焦点小组中用户会受小组集体观念或意见领袖的影响。

4.4.1 招募

被访者应该尽可能地选择与最大范围内的不同用户谈话，因为对于定性研究而言，广度比深度更重要。确保访谈名单中有忠诚用户、积极用户活跃的用户，因为积极的用户能够在访谈过程中给出更多新的洞见。

招募应从现有的用户开始，招募渠道可以是电子邮件、实地住址上门邀请或第三方平台。电子邮件是最常用的招募方式，通过主题明确的电子邮件发送用户访谈邀请信，在信中注明访谈时间并提供若干关于目标、行为、观点和动机的选项：使用服务的目的、行为频率、互联网使用经验及个人联系方式。在回复邮件的人中进行筛选，选择恰当的访谈对象。

关于访谈人数，根据资深用户研究专家的意见是，每个细分人物角色群体至少访谈 5 人。根据问题发现曲线曲率，当被访人数少于 5 人时，问题发现曲线不断攀升，直到人数达到 5～9 人时，曲线曲率趋近于零。也就是说，随着被访者人数增加，调研成本增加，新发现的问题的数目并未有明显增加。

4.4.2 拟定访谈提纲

主持者通常需要提前拟定访谈提纲,按照提纲与被访者轻松地进行非正式交流,通过启发获取被访者的意见(表4.2)。访谈需要包含以下四方面内容:

(1)使用服务的经验:如何获知、初次接触原因及目标、第一印象、再次使用动机、使用频率、通过服务完成了哪些事情。

(2)用户对该行业的经验与知识:行业理解、行业任务成功概率、竞品服务使用情况、何时用竞品服务、喜欢或不喜欢竞品服务及原因、服务对比。

(3)用户使用服务的目标与行为:描述最近一次使用服务、典型使用过程、使用最多的内容、哪些想做做不了、哪些需要改良。

(4)用户使用服务的观点与动机:口碑如何、推荐意愿、如何描述服务、对于服务最喜欢或不喜欢的内容是什么、频繁使用的动机。

表 4.2   访 谈 提 纲

阶段	1级需求	2级需求	3级需求
基本信息	个人信息	性别、年龄、学历、所在城市、职业、年收入、家庭情况、兴趣爱好	
	座驾和设备	座驾情况	座驾驾龄
		设备	车中设备
			家中设备
			导航产品(包括手机App)
			手机型号
	出行场景	车队出行的场景、频率	年节结伴回老家、城市周边游、长途自驾游、专业玩家长途自驾游(注:"长途"特指自驾时间超过8小时的行程)
		是否制定出行计划?	
		何时制定出行计划?	
行前	产生出行想法		
	确定出行人员	爱人、孩子、老人、朋友、俱乐部成员等,共多少人?	
	确定车队数量	对应出行场景的车队数量,如俱乐部出行的车队数量为多少?	
	查找目的地	查找时间	
		查找工具(电脑、手机、iPad、朋友推荐)	
	确定目的地(单个/多个)		
	规划路线	规划工具(电脑、手机)	
		规划时间(出行前一周确定目的地时间)	
		偏好设置	是否会设置?设置哪些?
		途经点	是否会使用途经点?如何使用?点的类型?
	确定路线	如何确定?	
		关注路线哪些方面?(道路、时间、距离、拥堵、红绿灯等)	

续表

阶段	1级需求	2级需求	3级需求
行前	分享路线		
	确定集合地点、时间等	选择集合地点（服务区、高速入口等），以及出发时间	
	预订酒店		
	确定行程规划	确定和分享行程规划	
	其他准备	加油、车辆保养、购买装备、食品、衣物等	
		离线地图下载	
		下载音乐，视频等	
途中	开始出发	出发时间	
		是否先去车里准备，等待家人进车	
		是否用导航规划路线？如何设置目的地？会设置途经点吗？	
	车队集合	集合前是否与车队其他人联络？联络工具？	
		联络内容	
		联络时，会影响开车吗？是否觉得有安全隐患？	
	联络方式	靠什么方式跟上头车？（晚上打双闪、白天红旗或肉眼看等）	
		车队间联络方式（对讲机、手机、微信等）	
		车队间联络内容（知晓彼此实时位置、知晓路线变化、休息加油等信息）	
	车中娱乐	主要的娱乐方式（音乐、视频、游戏、聊天）	
		会对跟上队伍有影响吗？	
	遇到的问题	掉队	
		红绿灯阻挡，没有及时跟上车队	
		临时加油	
		改变目的地或路线	
		车坏了	
		走错路（尤其是夜间）	
		疲劳驾驶	
	途中住宿	如何找到住宿地点？（地图中的附近功能、其他App 路边找）	
		遇到过什么问题？	酒店已满，不容易找到品牌酒店
		确定住宿地点后，如何告知其他车？	
		告知哪些内容？（酒店位置、路线等）	
	途中吃饭	如何找到？（路边服务区、地图中的附近功能、下高速在路边找）	
		确定住宿地点后，如何告知其他车？	
		告知哪些内容？（饭店位置、路线等）	
	其他需求		
到达目的地	行程安排	若预订酒店，是否先到酒店？	
		若未预订酒店，何时寻找酒店？	
		确定酒店后，如何到酒店去？是否用到导航？	

续表

阶段	1级需求	2级需求	3级需求
到达目的地	游玩	是否分散游玩？	
	集合	如何停车？	
		分散游玩时，如何沟通？	
		如何确定集合位置？	
		如何分享集合位置？	
		是否导航到集合地点？如何发起导航？	

4.4.3 访谈实施

访谈方式可以是面对面访谈，也可以是电话访谈。访谈有一些技巧，如访谈开始前，最好先与被访者轻松聊天暖场，以拉近与被访者的距离，消除紧张感，以便被访者在访谈过程中畅所欲言；适时通过点头、"嗯"肯定用户，让用户知道自己在被认真倾听，增加用户倾诉的信心。通过重复和释义，引发更加深入的答案。"重复"，指在用户回答的基础上，适当调节语序和词语，以重复用户的话语；"释义"，指概括和阐述用户的回答，帮其总结概括或找到更恰当的表达词语和方式。

宽泛的询问会导致宽泛的作答。因此，询问话术设计很重要。例如，当主持者想知道被访者的服务使用行为，询问用户"您一般如何使用服务？"这时用户需要在脑中总结、提炼，答案也会比较泛泛、损失细节。如果换成询问被访者"最近一次是如何使用服务的？"即可将用户带回最近一次使用服务的具体情境中，便于用户回忆与作答。

此外，重视三个时间点信息的采集：初次接触服务、最近一次使用服务和最常使用服务的行为，通过具象时间，将用户拉回具体情境下回忆，得到的答案也会更加具体、真实。

4.4.4 记录

边访谈、边记录会造成主持者分心，因此，访谈时除了主持者和被访者外，建议另外安排一位项目组成员做记录工作。记录的内容可以是用户透露的有用信息，以及调研者一瞬即逝的灵感。记录可采用笔记、录音、录像的方式进行，但录音、录像需要提前征得被访者的许可。

4.5 问卷调研

问卷调研法，指通过设计的问卷向被访者了解情况、征求意见。根据问题形式，问卷可分为结构问卷、无结构问卷和半结构问卷三种形式。结构问卷采用封闭式问题，问题具体、答案明确，被访者在答案中选择符合的题项作答，适用于大样本、多题项的研究。但由于答案限制在所设选项中，缺乏弹性，容易造成强迫性的回答。无结构问卷设置开放题项，不提供具体答案选择，不限制被访者作答，被访者可以自由表达观点。其优点是所获资料丰富、深入，缺点是不利于统计分析。半结构问卷综合结构问卷和无结构问卷两种形式，既利于统一回收数据、开展数据分析，又便于获得深入洞察。

4.5.1 问卷设计

完整的问卷应包括题目、指导语、问题、答案和编码等，问卷结构应包含个人信息部分、项目相关事实题项部分和态度观念部分。个人信息指人口统计学信息,包括性别、年龄、职业、城市、行业经验、服务使用经验等,采集问卷填写者的个人信息,方便后期做多变量的交叉分析、人群差异分析。例如,考察不同性别的用户对于服务态度的差异、不同年龄群体的用户对服务观念的差异。项目相关事实题项部分,考察用户对服务前、中、后阶段有关服务事实方面的目标、行为和观点,这一部分是问卷最核心的内容。态度观念部分通常采用李克特量表的方式回收答案,分值由少至多,代表用户心理程度的连续变化。例如,考察人们对某项服务的喜好程度,采用李克特(Likert)五点量表设置答案为非常不喜欢、有点不喜欢、一般、有点喜欢和非常喜欢。问卷不应设计过长,一般以用户在20~30分钟内答完为宜,以避免被访者因为问卷太长、没有耐心,而影响调研结果的真实性。

4.5.2 问卷发放与回收

问卷的发放可采用当面发放、邮寄发放和网络发放,也可多渠道结合发放。回收的有效样本数量应足够大,才可保证数据分析具有统计学意义。

4.5.3 问卷分析方法

问卷分析方法包括单一变量分析和多变量关联分析两类方法。

(1) 单一变量分析是对单独题目所包含的单一变量求频数、百分比、平均数等。例如,想获知众多服务渠道中哪个渠道用户使用频率最高,可以通过频数或百分比分析。

(2) 多变量关联分析是通过交叉列联、因子分析、方差分析、回归方程等方法,考察多变量间的相互关系、关联程度、差异显著性、因果关系等。例如,通过独立样本T检验的方法考察性别在某服务的评价上是否具有统计学意义上的显著差异。应根据待考察的具体问题与考察目标,选择恰当的定量分析法。

上述两类定量分析方法是设计分析中比较常见且使用简单方便的方法。除此以外,常用的还有用于用户人群分类的聚类分析方法,如使用K均值聚类;用于变量降维的因子分析法等。SPSS中内置算法丰富,友好的图形界面设计除了为设计者提供了便利外,还有专为某类算法开发的软件,如面向偏最小二乘法的Smart PLS-SEM软件和Amos软件,能快速帮助设计者构建结构方程。在使用时应具体问题具体分析。

4.6 服务生态

所有参与者都要在服务生态中交换价值,可见其复杂性堪比自然界的生态系统。服务生态系统可以很简单,如用一张图就能展示用户如何利用网站和客服中心来解决问题;也可能非常复杂,用来绘制复杂的系统,如公交系统或一个用于降低失业率的模型等。

服务生态图的模式基本是固定的,板式如图4.9所示。越详细的服务生态模型图包含的利益交换关系越多,较为典型的案例如菲亚特共享汽车服务生态图(图4.10)。服务生态图一般用来探索围绕这项服务中的5W1H,即从事件(What)、场景(Where)、时间(When)、主体(Who)、目的(Why)、过程(How)展开服务的生态,然后从中寻找和构建新的生态可能性,如图4.12所示既是按照服务生态图将5W1H所对应的相关内容分别填入每一个扇形,进而通过在各个元素之间建立连接来构建可能性。

在服务生态中,当代理商通过各种渠道交付使用和体验时,企业也就兑现了承诺,客户通过与企业合作、提供信息和反馈，向企业汇报附加价值，成为前台；代理商需要工具和设备提供良好的体验和使用性，这些工具以数据形式反馈，用于监督和改进服务，成为后台。为后续服务设计蓝图的制作和流程规划提供基础依据。

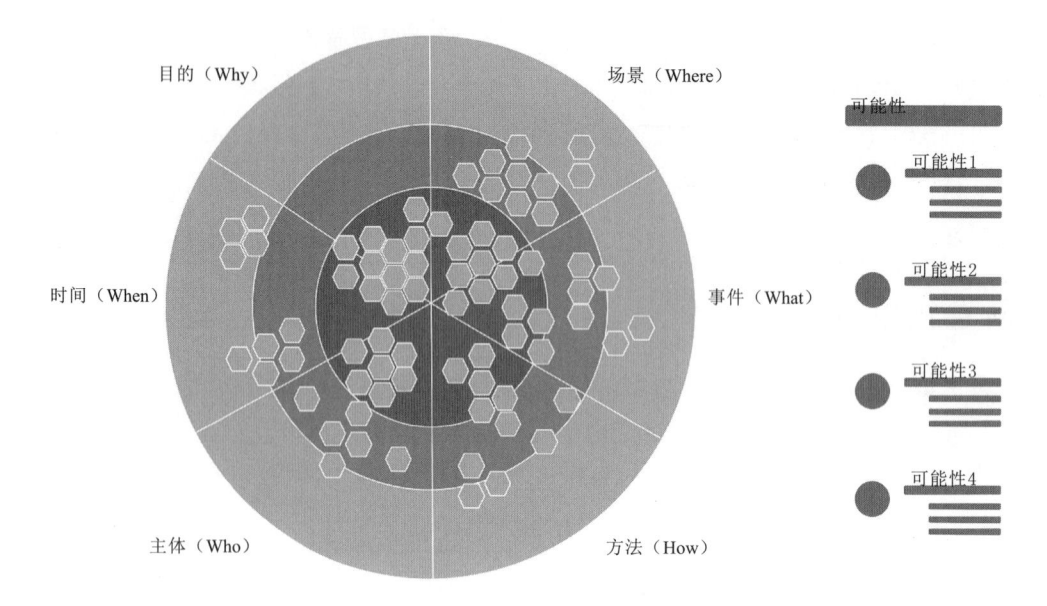

图4.9 服务生态图

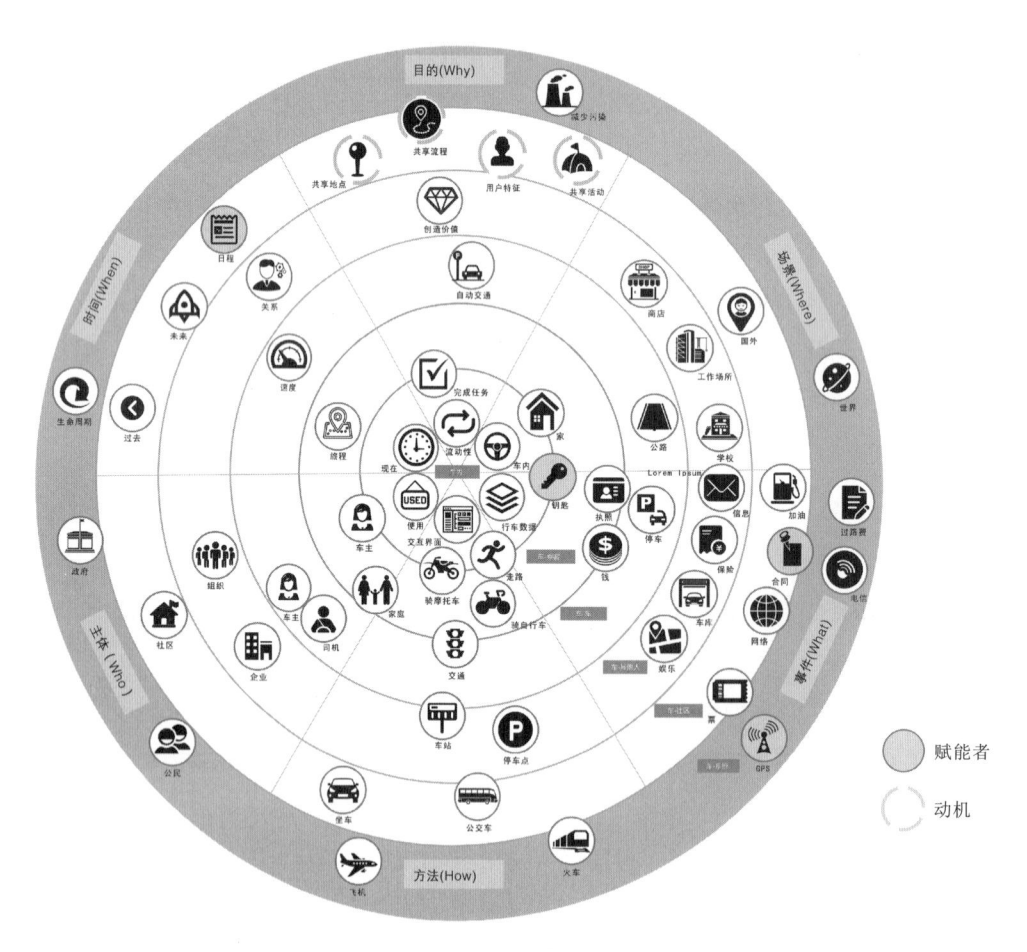

图4.10 菲亚特共享汽车服务生态图

如同自然生态系统一样，服务生态系统中的利益相关者是不断更新迭代的。因此，服务设计的过程中也需要企业派出自己的管理层学习使用设计工具，以便在企业发展的过程中微调。此外，明确生态图的边界很重要，范围是由项目战略目标、预算和影响范围等因素决定的，在绘图过程中边界会随之变得更加清晰（图 4.11）。

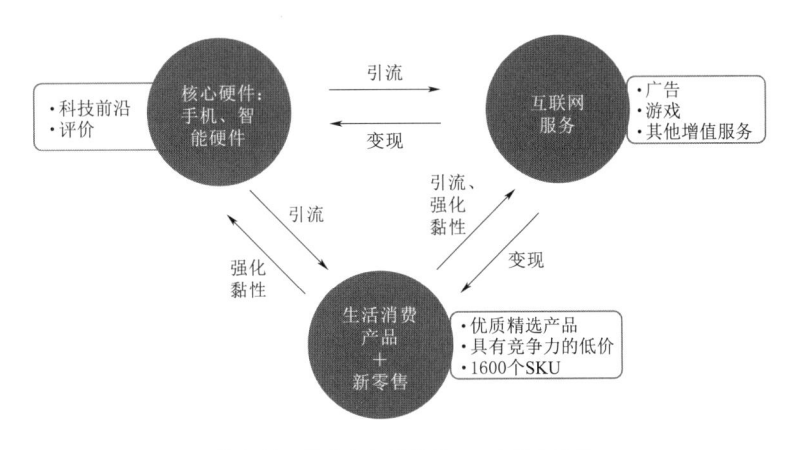

图 4.11　服务生态图案例——小米生态链

在项目初期，由于考虑的情况比较复杂且参与者众多，因此初步绘制服务生态图就非常有必要。服务生态的建立主要有三个作用：一是梳理服务参与者和利益相关者；二是研究服务主体与服务各部分之间的关系网络；三是通过重新组织参与者之间的合作方式来产生新的服务概念。

不同于其他产品设计，服务通常是一种基于时间的体验过程，因为服务常常是随着时间的推移而展开的。在服务流程图和服务组织图中的箭头和连线通常代表着时间、情景和联系，是模型中至关重要的因素。箭头往往是时间和步骤的关系，引导线通常会连接某些触点及其相关的体验设计。在绘制的过程中，最容易被忽略的也是这些连接方式。

4.7　服务蓝图

4.7.1　服务蓝图的概念

服务蓝图是一个不同服务组件——人员、道具（物理或数字证据）和流程之间关系的可视化图表，这些组件与特定客户旅程中的接触点直接相关。在服务体验过程中，将所有不同的触点连在一起，同时又兼顾组织中所有利益相关者的需要与希望，会使事情立刻变得复杂化，这时就需要服务蓝图介入（图 4.12）。

服务蓝图不仅包含了用户的全部旅程，也包含了能让旅程可行的所有交互过程。试想一下，对于一幢建筑，你可以观赏它，也可以通过阅读来了解它，但是如果要去建造，一幅图像或是一段文字描述就很难满足了，你需要实施的细节和指导，也就是一幅具有指导性的蓝图。服务蓝图展现和涵盖了许多核心概念，如服务蓝图能理清享受服务的用户、用户与数码设备的接触点、提供服务的雇员之间的全部互动等。其中，不仅包括直接影响用户的前台行为，也包括用户看不见的后台行为。服务蓝图适用于以下情况：

（1）企业或者服务提供方需要提升服务质量时。

（2）企业或者服务提供方需要改进提升服务流程的痛点和漏洞时。

（3）企业或者服务提供方想设计一套新的有着多种类型接触点的服务时。

（4）企业或者服务提供方无法追踪服务产生的过程时。

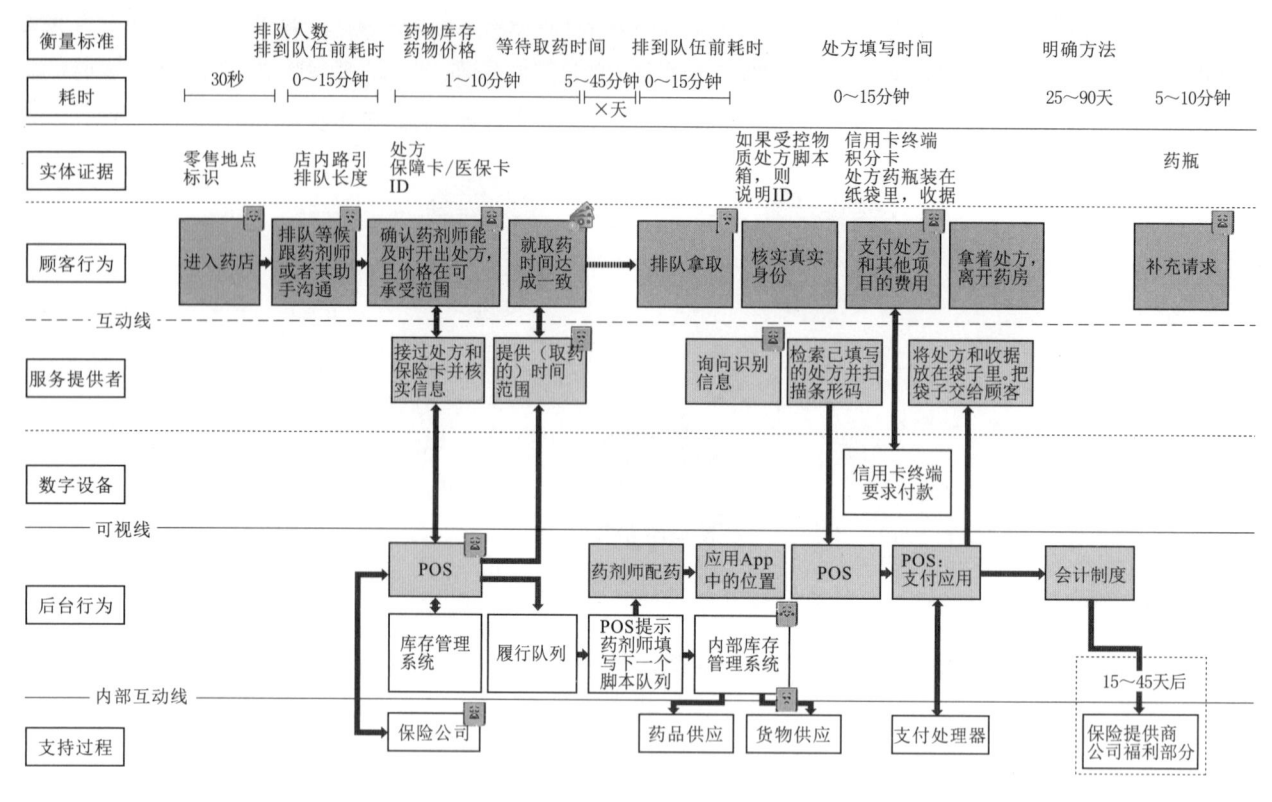

衡量标准	排队人数 排到队伍前耗时	药物库存 药物价格	等待取药时间	排到队伍前耗时	处方填写时间		明确方法	
耗时	30秒	0～15分钟	1～10分钟 ×天	5～45分钟	0～15分钟	0～15分钟	25～90天	5～10分钟
实体证据	零售地点 标识	店内路引 排队长度	处方 保障卡/医保卡 ID			如果受控物 质处方脚本 箱，则 说明ID	信用卡终端 积分卡 处方药瓶装在 纸袋里，收据		药瓶

图 4.12 服务蓝图

（5）服务牵涉角色众多时，即便听起来最简单的服务通常也有很多参与方（IT系统、用户、物料、合作方）一同来完成用户体验。服务设计蓝图可以帮助协调梳理各个参与方的复杂关系。

（6）当设计师正在设计的服务涉及到整体系统服务中其他的服务时，服务系统中的某个服务通常会与其他服务相互作用，服务蓝图可以协助设计师理解整体服务系统中各个服务的相互关系。

（7）当设计师想将一个高触服务转变成低触服务形式时，这里的高触、低触指接触点的频率和形式。在服务设计流程中，高触并非是好事，尤其是重复的高触。使用服务蓝图，设计师能准确地定位该类高触点的位置，并适度减少其数量或降低其频率，这是提升效率节省成本的有效方式。

服务设计蓝图只是一个服务设计过程中的工具，并不是所有情况都适用，例如，如果目标是设计一个纯线上服务，客户旅程图或流程图则更加合适。

4.7.2 服务蓝图解析

知道了服务蓝图的概念，也知道了该在什么时候使用它。那么，如何制作一个服务设计蓝图呢？在服务设计蓝图绘制之初，其所涉及的元素非常简单，仅需要确定分割线以及信息泳道，一个正规的服务蓝图有下面3个基本元素：

- 互动线：客户和服务之间的互动点。
- 可视线：超过这条线的范围就是用户所看不见的服务。
- 内部互动线：在这条线以外，内部业务终止，取而代之的是合作者的介入。

这3条线由上自下的分隔出的5条信息泳道则体现了服务的基础（图4.13）5条信息泳道如下：

（1）实体证据：是指顾客服务旅程图中会接触的物料和场所。在学习过程中，大家常常有这样的误解，即

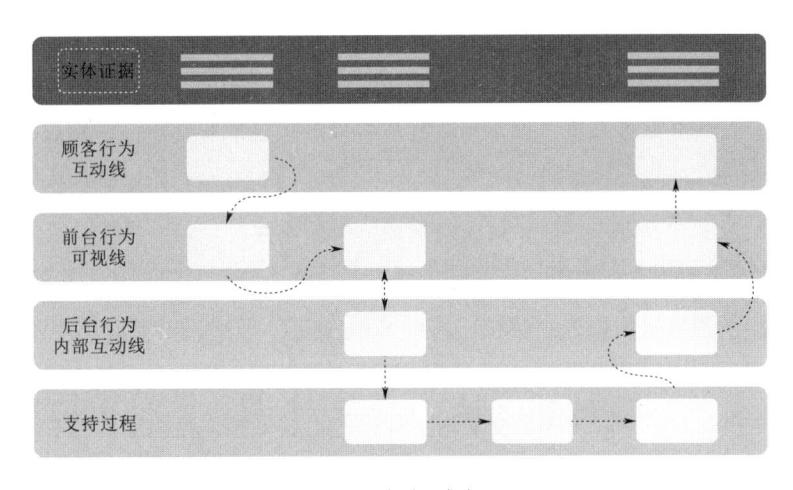

第 4 章 服务设计的方法与工具 45

图 4.13 服务蓝图解析（一）

认为实体证据仅包括用户直接面对的，然而实际上例如表格、产品、标志以及物理位置点等，这类会被顾客或内部员工用过或看到的实体证据都应该包括在其中。

（2）顾客行为：指顾客为了获得服务而不得不做的事情。顾客行为起到了触发作用，即没有顾客的行为，服务则不可能被产生。

（3）前台行为：顾客在体验服务旅程中能够看到的所有活动、人员和实体证据。

（4）后台行为：所有不被用户看到但是为提供服务而必须存在的东西。

（5）支持过程：记在互动线下的支持服务的活动过程。

4.7.3 附加泳道

为了表达更清楚，我们推荐一些附加的信息泳道，如图 4.14 所示。

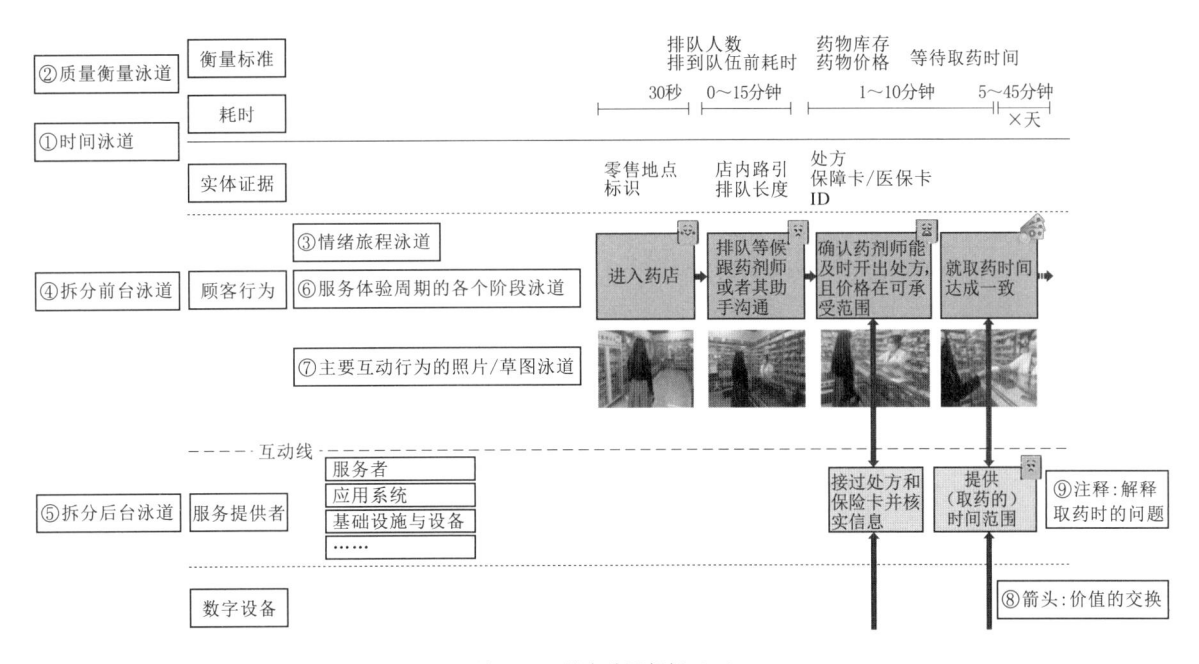

图 4.14 服务蓝图解析（二）

（1）时间消耗泳道：代表了伴随服务的提供所产生的时间消耗，服务产生过程中产生的时间不同，所以在顶部增加的时间消耗泳道可以有效帮助设计者以及服务提供方更好地理解整个服务流程及其所消耗的时间。

(2) 质量衡量泳道：服务的成功以及服务价值的体现需要一些体验因素来衡量，这些因素是用户在心里判断服务是成功还是失败的关键时刻。例如排队耗时、等待时间等。

(3) 情绪旅程泳道：对某些服务来说，理解用户的情绪状态是非常有必要的。例如，在急诊室里，用户的恐惧心理必须列入考量因素。

(4) 拆分前台泳道：当多个接触点同时一起工作来提供服务体验时，最好将每个接触点拆分到单独的泳道（如，用户与数字设备的互动和用户与服务人员的互动）。

(5) 拆分后台泳道：后台可以是由人、系统，甚至设备构成。对于一些细节、或聚焦于局部的服务蓝图，则将后台拆分成内部员工、应用、数据和基础设施能区分出不同领域的服务。

(6) 服务体验周期的各阶段泳道：服务是随着时间展开的，如果按体验周期的各阶段来呈现，则服务会更清楚。例如，顾客是如何被吸引，怎么开始用服务、体验服务、结束使用，然后有可能再次重新开始使用服务而变成回头客。

(7) 主要互动行为的照片/草图泳道：增加这条泳道能帮助读者用看漫画书的方式快速了解这些服务是如何随时间展开的。

以上几条泳道仅代表了部分常用的附加泳道类型，设计师完全可以根据服务的复杂度以及用户的需要，制作更复杂和全面的服务蓝图。只有当服务蓝图被理解和实施时它才有用。为了让蓝图更清晰、聚焦和便于沟通，一般还会使用箭头和注释来补充说明。

(8) 箭头：当箭头跨过泳道时，价值就通过服务接触点被交换了。箭头的重要意义不仅在于指明价值交换的方向，它们也指明当时谁/哪个系统有着掌控权。单箭头表示箭头起点控制着价值交换过程。双箭头表示在2个实体间达成一致后才会推进进程。举例来说，和药剂师就取药时间达成一致，或者就非固定成本结构协商定价。

(9) 注释：研究和实地观察对绘制蓝图是非常必要的。如果我们要讨论在现有流程中，用户和内部员工做了哪些有用哪些没用的事情，记住蓝图是一种强大的方式。那些关键点可以以很多方式来突出，但我们还是建议使用带图例的 icons 来呈现，这样更简单明了。需要被突出的关键点：第一是需要被解决或改善的痛点，第二是可以衡量服务质量的机会点，第三是可以节省成本或增加收益的机会点，第四是顾客非常喜欢，因此不能被遗漏的点。

4.7.4　5 P's 及其与服务蓝图的关联

5 P's 是指，人（people）、过程（processes）、物料（props）、合作方（partners）和场所（place）。再来看服务蓝图的结构，你就会发现所有的 5 P's 都在里面了。从顶部的物料和场所，接着往下是人和过程，然后是支持过程中的合作方。用户行为那条泳道是体验和行为。

只有当服务蓝图被理解和实施时它才有用。为了让服务蓝图更清晰、聚焦和便于沟通，一般还会补充常用注解的规范。见图 4.14。

4.7.5　服务蓝图制定流程

1. 绘制客户旅程图

支持这一点的技术包括文化调查、采访、卡片分类、讲故事、桌面研究等详细记录用户的行为，并为关键节点标注时间，如图 4.15 所示。

图 4.15　绘制客户旅程图

2. 确定关键接触点

接触点可以是任何元素（如人、标识、声音），被顾客感知并影响他们的满意度，如图 4.16 所示。

3. 确定主要利益相关者和价值贡献

用户旅程中的每个触点都包含了相关的利益相关者，例如前台服务人员、后台管理系统、后台服务人员等，这里需要以联络关系图的方式描绘出对触点有主要价值贡献的利益相关者，以便于接下来前后台角色和服务支持的设计。如图 4.17 所示。

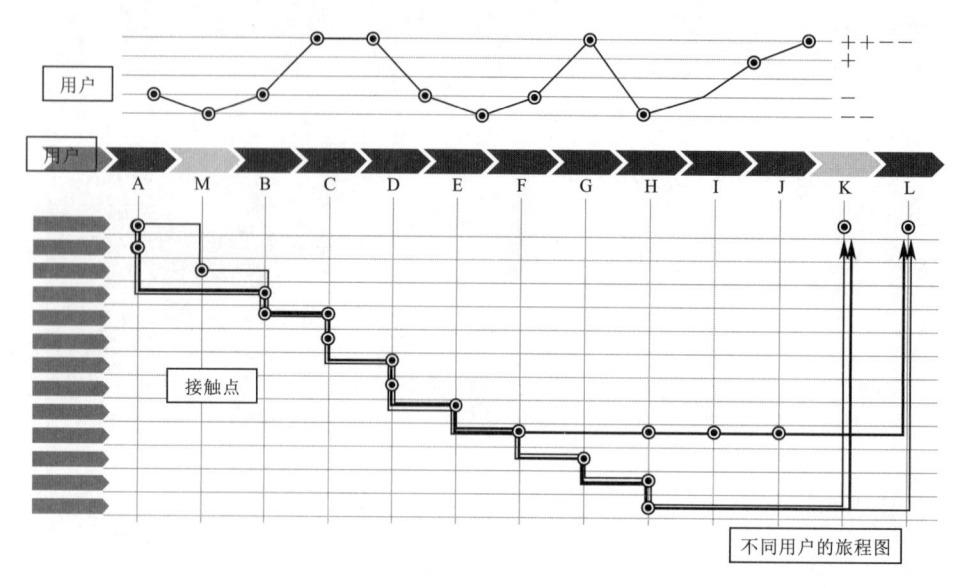

图 4.16　用户旅程图和接触点矩阵

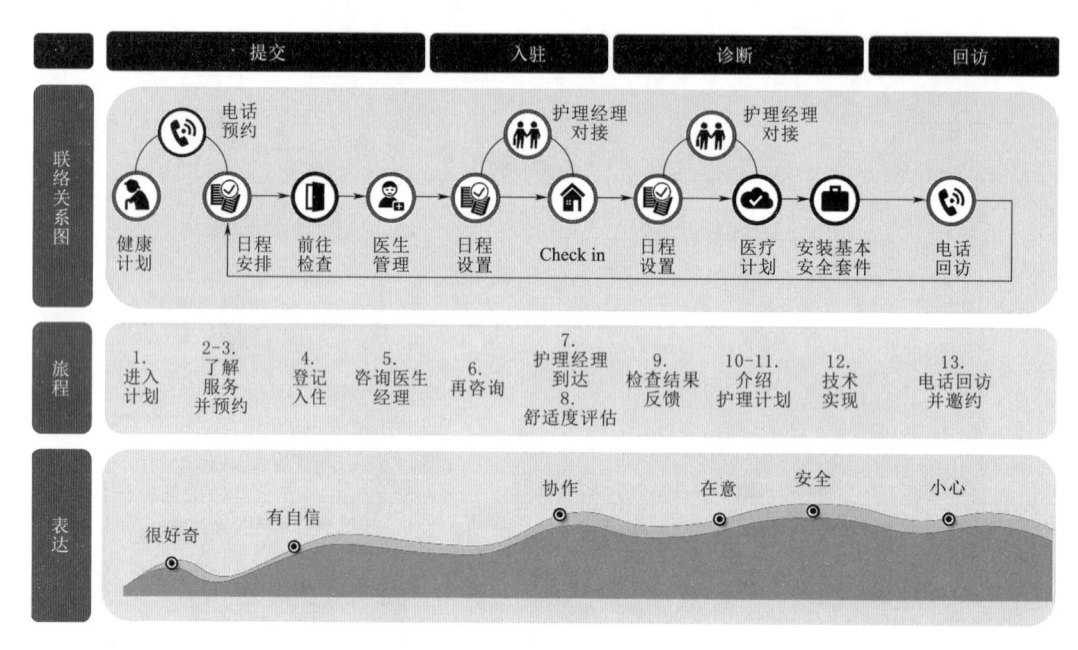

图 4.17　用户旅程图（一）

4. 对利益相关者的行为进行分类服务支持设计

最后进行前后台角色的确定及相应的服务支持的设计，"前台"是指与客户直接联系的、客户看得见的服务及服务角色。"后台"是指不直接与客户联系，客户看不见的服务及服务角色，"支持服务"是指前台和后台中支持服务的具体内容，一般包含实物产品、信息类产品、人工服务等。如图 4.18 所示。

需要强调的是，如同用户旅程图一样，服务蓝图通过单一路径来聚焦一类用户角色的体验，可以将其想象成一个场景。如果绘制过程中将太多复杂的旅程放到一张蓝图里，或者尝试用一张蓝图的多个变体来反映多种类型的服务使用过程，那么，服务蓝图将很快变得复杂从而影响阅读。如果要表现不同类型的服务旅程，则最好增加附加的蓝图。

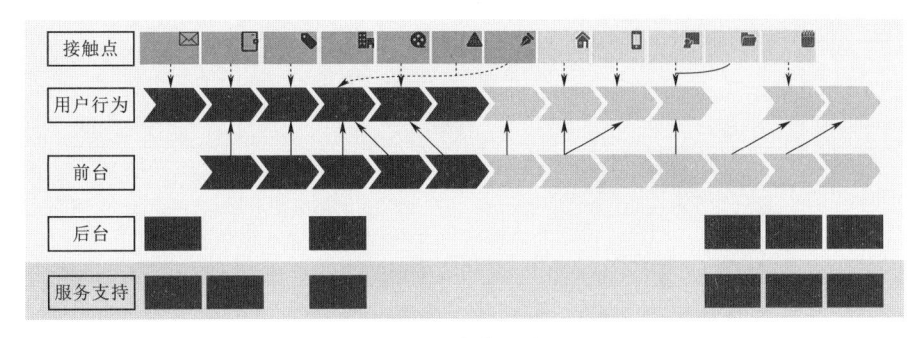

图 4.18 用户旅程图（二）

4.8 SET 分析

最早关于社会经济技术模型（social-economic-technological，SET）的系统性阐述出自于卡内基梅隆大学 Cagan 教授的 *Creating Break through Products* 一书。该模型用于帮助设计者分析外部环境因素，识别来自于社会、经济和技术三方面因素的设计机遇，如图 4.19 所示。

1. 社会因素（social，S）

社会因素，是指集中于文化和社会生活中相互作用的各种因素，包括家庭结构、工作模式、健康因素、互联网应用、政治环境、运动与娱乐、旅游环境、图书、杂志和音乐等。

2. 经济因素（economic，E）

经济因素，指人们已经拥有的或希望自己拥有的购买力水平，即人们相信自己拥有的可以用来购买改善生活方式的产品和享受服务的能力。人们的购买力水平和消费趋向，会受到整体经济形势、股市等因素的影响。

3. 技术因素（technological，T）

技术因素，指直接或间接地运用公司新技术和科研成果，以及这些成果所包含的潜在能力和价值，例如计算机能力、新型显示技术、新材料与新工艺和军事技术等。

图 4.19 SET 方法

从事服务设计的设计者需要在分析上述因素的基础上，识别出新的趋势，找到相适应的购买力和技术，从而进行服务开发。这里以经典案例星巴克品牌为例，探讨该模式背后的 SET 因素，分析星巴克是如何利用这些外部因素，从而走向成功。

星巴克服务模式的成功之处在于将人们饮用咖啡的体验变成了全新的文化与娱乐形式。促成星巴克服务设计创新的社会因素是星巴克地处西雅图，人们面对着很大的工作压力，每天需要依靠咖啡提神，同时人们缺少聊天和聚会场所；从经济因素方面看，西雅图是微软的总部所在地，人们具有可观的可自由支配的收入，能够支付起高质量的早餐消费；技术因素方面，咖啡豆烘焙与煮制技术逐渐成熟。在这些外部因素的共同影响下，形成了独特的星巴克服务模式，这类以用户体验为中心的新型咖啡店服务模式的诞生孕育了丰沃的外部条件，在一定程度上促成了星巴克大获成功，开创了新的咖啡文化。当时，星巴克在美国成为了与可口可乐、麦当劳并肩的全球性输出。星巴克服务模式的 SET 因素见图 4.20。

合理有效地利用 SET 模型分析设计所处的外部大环境，能够帮助设计者从不同维度梳理、分析与导出外部设计机遇，为进一步明确设计定位提供依据。

图 4.20 星巴克服务模式的 SET 因素分析

4.9 低保真原型

原型指一个原始类型、形式作为后期阶段的基础或判断的模型实例。在服务设计中，原型设计是把服务系统中实体与数字触点所包含的功能和信息，通过快速开发，制作为模型。设计团队在原型的基础上，反复沟通、修改、确认无误后，进入开发环节。原型设计方法可以有效地节约实施项目的人力成本与经济成本。

按照设计实现的程度，原型的类型可以分为低保真原型与高保真原型。低保真原型是采用简单的材料，快速模拟出方案，适合于方案探索、尝试与修改。低保真原型的制作过程简单快捷、开发成本低，并且易于修改。灵活快捷的方式使其传达想法与信息的效率相较于高保真原型更高。高保真原型通常需要借助软件制作完成，是视觉的高级原型，与最终产品的视觉呈现基本一致，只是未搭载技术因素。制作过程虽费时费力，但由于效果接近最终的设计产出方案，因此项目团队成员之间的沟通常常借助高保真原型。无论哪种原型设计，原则都是尽可能的简单明了，不花费过长时间去追求绘制精细。

对于服务设计系统中实体触点的原型设计，常用桌面演练模型的方法。桌面演练模型是利用简单的道具，模拟服务设计系统与场景。团队成员通过模拟用户、利益相关者等角色与系统发生的可能性交互行为，由具身理论推导他们的所思所想，进而帮助设计团队发现痛点。桌面演练模型见图 4.21。

图 4.21 桌面演练模型示例

数字触点原型设计，即对人与服务系统中数字界面之间的交互展开设计。针对数字触点的原型设计，最好的制作工具是纸和笔：设计者在纸上绘制界面线框图，交由团队成员或用户进行可用性测试。亦可将纸原型上传至电脑，设计者依据事先设计好的数字服务交互流程，为每一页低保真原型加上链接，呈现在屏幕上，邀请用户参与测试，完成指定任务的操作；同时，设计者在一旁观察用户的操作行为，根据用户反馈，进行后期原型迭代设计。经过反复迭代优化，最终设计出符合用户心智模型和操作习惯的产品。可邀请多位用户，进行多次测试。图 4.22 为常见的两种纸原型示例。

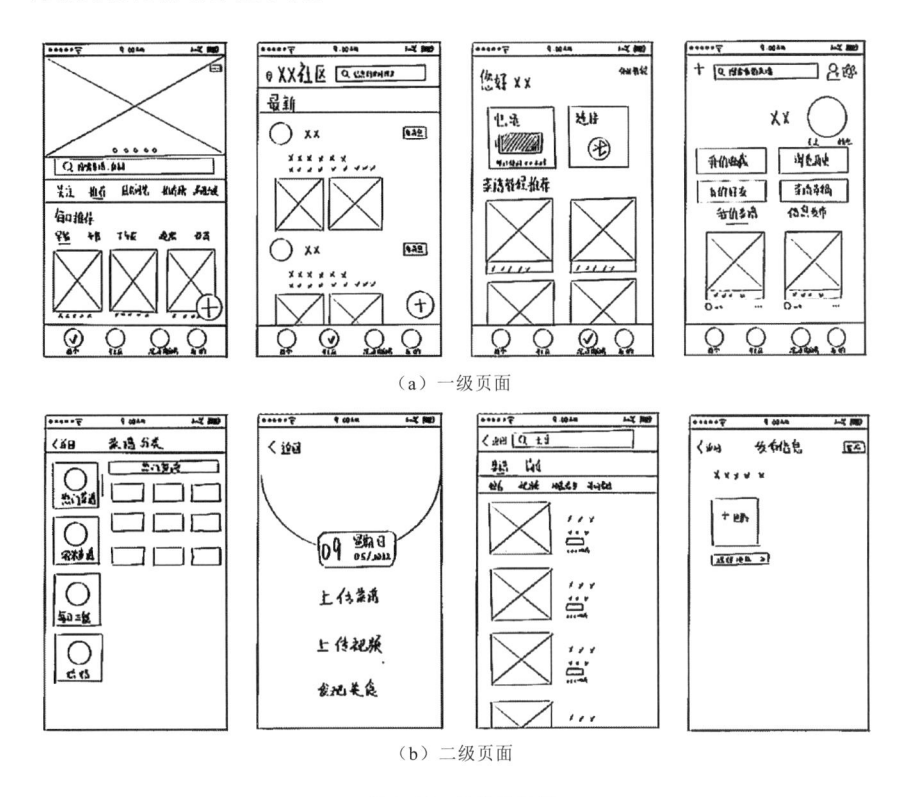

(a) 一级页面

(b) 二级页面

图 4.22 纸原型示例

当设计师需要探索具体交互细节的设计方式并使用交互文档与团队其他成员交流时，纸原型会显得过于粗糙无法完成验证，这时需要借助上述工具进行原型设计。专门的原型设计工具有软件、网站和新兴的设计师协作平台，例如 Figma、Sketch、Axure、Visio、Mockplus 等都是目前应用较为广泛的工具。这些工具预置了基本的组件供设计师选择，使用起来相对方便、规范，但相比纸原型仍要费时费力很多，修改成本也高的多。当然，只要具备绘画功能的软件都可以用来绘制低保真原型，甚至 Microsoft Power Point 也可以作为绘制线框图的工具。毕竟原型只是用于探索布局与交互方式设计是否合理的一种手段，对真实性和方案完成度不作要求。

在项目实践过程中，原型设计介于需求文档之后，视觉设计之前，主要包含信息架构、界面线框图设计和交互流程（UI flow）三个步骤。

1. 信息架构

信息架构（information architecture, IA）是建筑领域的词汇，在 1975 年由美国建筑师沃尔曼提出，后来逐渐应用到数字领域中。信息架构指信息环境的结构化设计，为信息产品的体验提供可用性、可寻性和可理解性。信息架构的设计建立在充分的前期调研的基础上的，是自下向上的设计过程。信息架构的设计需要从分类方式和组织结构两方面考虑。

(1) 分类方式指信息依据什么标准与逻辑来进行信息分类以及如何将组件组合成有意义却各有特色的类

别。组织系统的设计有自下而上和自上而下两种方式。自下而上的设计通过头脑风暴与亲和图法（KJ法）实现。通过头脑风暴收集到大量的事实、意见或构思等语言资料，按其相互亲和性（相近性）归纳整理这些资料，使问题明确，求得统一认识和协调工作。自上而下的分类方法从战略层产品目标出发，考虑内容分类与层级。从最广泛的、可能满足决策目标的内容与功能开始进行分类，进而按逻辑细分出各个层级。信息单元的粒度取决于组织结构设计。

（2）组织结构指内容条目与整体之间的关系类别，分为重架构与轻架构两种级别：重架构即产品结构是窄而深的，适用于功能完备、结构严谨的产品，对用户来说，需要对业务有一定的理解并需要花费学习成本；轻架构的信息层级浅而广、比较扁平化，便于用户理解、操作便捷。组织结构的形式包括层级结构、矩阵结构、自然结构和线性结构四种结构，具体如下：

1）层级结构又称树形结构，见图4.23（a），是一种比较经典、常见的信息组织结构，有从上而下、从下而上和双向结构。

2）矩阵结构允许用户在节点之间沿着两个或多个维度移动，适合于带着不同需求而来的用户。矩阵结构见图4.23（b）。

3）自然结构各节点逐一串联，没有明确地分类，适用于探索性的系统。自然结构见图4.23（c）。

4）线性结构有着较为严格的流程，通常在一个主题下含有不同的内容和章节。线性结构见图4.23（d）。

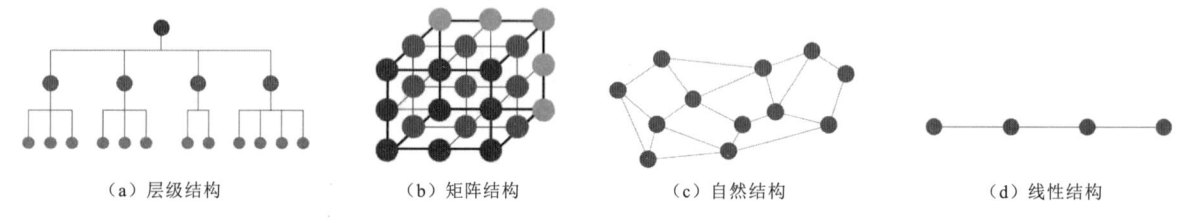

（a）层级结构　　（b）矩阵结构　　（c）自然结构　　（d）线性结构

图4.23　结构形式

下面以某安卓应用设计为例，展示原型设计的各个环节。该应用的目标人群是上班族，应用场景为午休时同事们共同就餐需要AA制平分账单金额并相互转账。根据需求文档，该应用主要功能有发起账单、记账、参与账单等。完整的分类、组织结构和层级关系见图4.24。

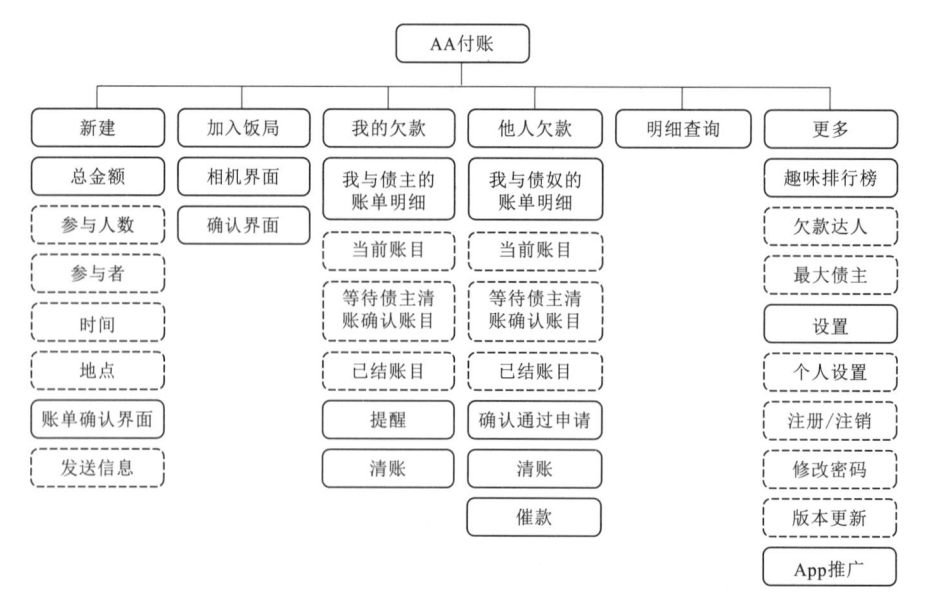

图4.24　信息架构示例

2. 界面线框图设计

界面线框图包含标题、线框图和文字释义。标题部分给出当前界面所处的信息层级，以便于团队成员理解交互文档。线框图是通过勾勒信息结构和布局，对用户界面的主视觉进行描述。设计时常用的部件有图形、标记和符号，亦可将常用的部件组合成组件，以备整体调取，提高设计师制作线框图的效率。线框图是低保真原型的表达方式，不追求尺寸精确。文字释义是通过文字解释来辅助线框图的理解。文字与线框图的部件应一一对应，从线框图中引出一条线，在另一端用文字解释当前所指示部件的作用和规范，如果是控件，需要标注具体跳转至哪一页面。文字与线框图的位置关系可以是上下排布，也可以是左右排布。线框图不仅要包含主体页面，还应具备新手引导和弹窗等特殊页面。

上述安卓应用的新手引导页设计如图 4.25 所示。设计者通过新手引导页展示了该应用的主要功能，方便用户对应用的理解。

图 4.25 新手引导页低保真原型示例

主要界面的线框图设计，见图 4.26。分别展示了首页、新建账单页、账单明细页、更多页，以及一些手势操作的规定。

3.2 首页

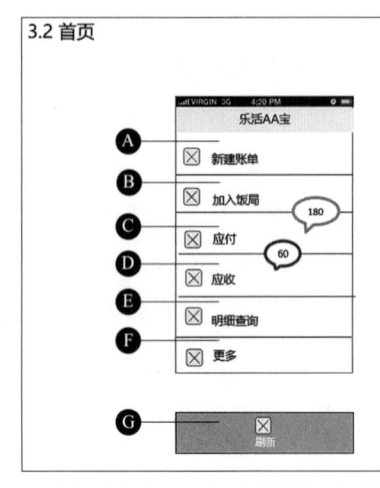

A 点击后进入新建页面,可输入时间、地点、参与者、金额相关信息

B 点击后启动拍摄二维码相机

C 点击后进入欠我的界面。小气泡表示我欠的金额总和

D 点击后进入欠我的界面。小气泡表示欠我的金额总和

E 点击后进入查询历次账单明细界面

F 点击后进入更多界面

G Menu菜单,点击后弹出刷新菜单,也可下拉刷新

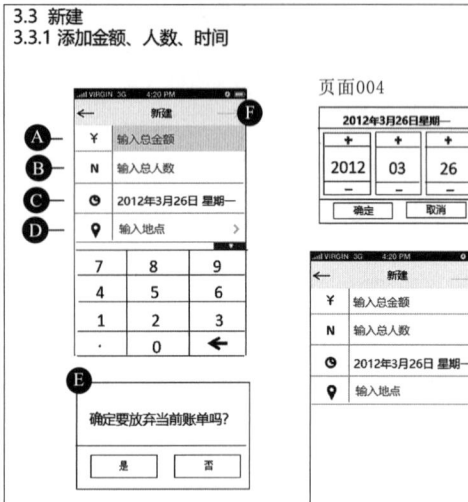

3.3 新建
3.3.1 添加金额、人数、时间

A 点击新建后默认打开界面,填写金额。点击收起键盘或人数输入框,可以输入人数。

B 填写人数框

C 时间选填。
框内默认当前日期,点击后弹出改写时间窗口,可以更改时间。页面004

D 地点选填。
点击地点,弹出软键盘,可以手动输入地点。也可以点击后面的箭头进行自动地理位置定位。

E 点击返回,弹出此框,询问是否放弃账单。在未输入任何数据时,点击返回,不弹出此对话框。

F 只有在输入金钱和人数后,下一步按钮才可点击

3.3 新建
3.3.3 二维码添加具体成员

A 点击返回后,回到上一页可浏览账单信息,默认保存已添加的人(即再返回到这页时,添加了的人还是存在)。已添加了人:若更改账单,则弹出对话框,提示"更改账单信息,已加入的饭局成员将被重置。确定要更改账单吗?"点击"是,更改",则抹掉已添加的饭局成员。点击"取消",对话框消失。

B 规定创建账单的"我"为付款人,不可更改。下一个为可点状态,其他均为不可点。框的数目为上一页填的参加人数。

C 二维码,包含饭局时间、地点、参与人数、金额信息。
其他人通过首页的"加入账单"启动拍摄二维码相机,照下二维码,确认自己参与了饭局。
发送账单时,不用给拍摄加入饭局的

D 人数少于4人时,为一排展示。
超过4人时,框扩展为两排。
超过8人时,显示滚动条,纵向浏览。

E 待填框,不能操作。

F 可以通过刷新添加通过拍照二维码确认饭局的人。当待填的人都填满以后,刷新图标变为对勾确认控件,点击即可完成账单

图 4.26(一) 主要界面线框图

第 4 章 服务设计的方法与工具

3.5 我欠的
3.5.3 清账

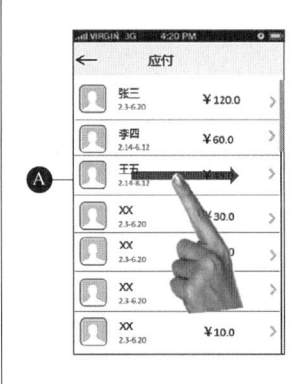

页面001

Ⓐ 当欠债人做滑动手势，划掉与某一债主的债务信息。该条目显示被划状态，如页面001。

Ⓑ 清除，申请得到确认的账目会在闪动后消失。

3.7 明细查询

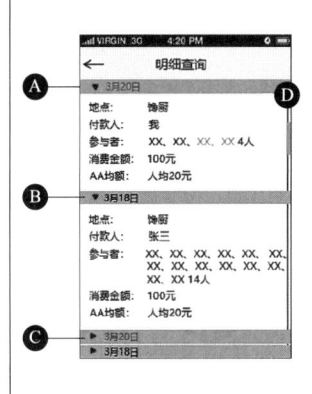

页面007

Ⓐ 按照饭局的时间排序，时间近的在list最顶端。可以下拉刷新和使用菜单刷新。

Ⓑ 默认展开最近一周的列表，其他默认是未展开的列表，点击箭头可以展开。再点击可以收起。下次进入该页默认是按照上次浏览时展开、收起来显示。

Ⓒ 显示该饭局的地点、付款人、全部参与人、参与者人数（不包括付款人）、总金额、AA后均额。

Ⓓ 待确认中的账单的时间显示灰色字，账单建成后（即所有人都确认了账单后）账单日期才变黑色字。
待确认账单可以点击，调出页面007

Ⓔ 未确认账单者，状态要和已确认者有区别。

Ⓕ 只有债主具有发送账单的权限，其他人查看该页面时不显示此控件。其他人进入这个页面只能看还钱状态，不能发送账单。

刷新图标变为对勾确认控件显示给××等几人。只显示一个人的名字及发消息的总人数。

点击再次发送账单后的规则见页面3.3.5

3.8 更多

Ⓐ 点击进入排行榜。

Ⓑ 激活的用户，显示注销，点击后进入登录页面
未激活用户显示一键激活。

Ⓒ 进入个人资料编辑页。

Ⓓ 有版本更新是会有气泡提示

图 4.26（二）　主要界面线框图

3. 交互流程（UI Flow）

在对信息架构与线框图进行设计后，需要进一步明确界面之间的交互关系，即交互产品的运行逻辑和界面之间的跳转情况。这一部分通常需要围绕着几个主要任务展开讲解，用箭头串联起各个界面。图 4.27 是对上述应用用户注册逻辑的示例图。

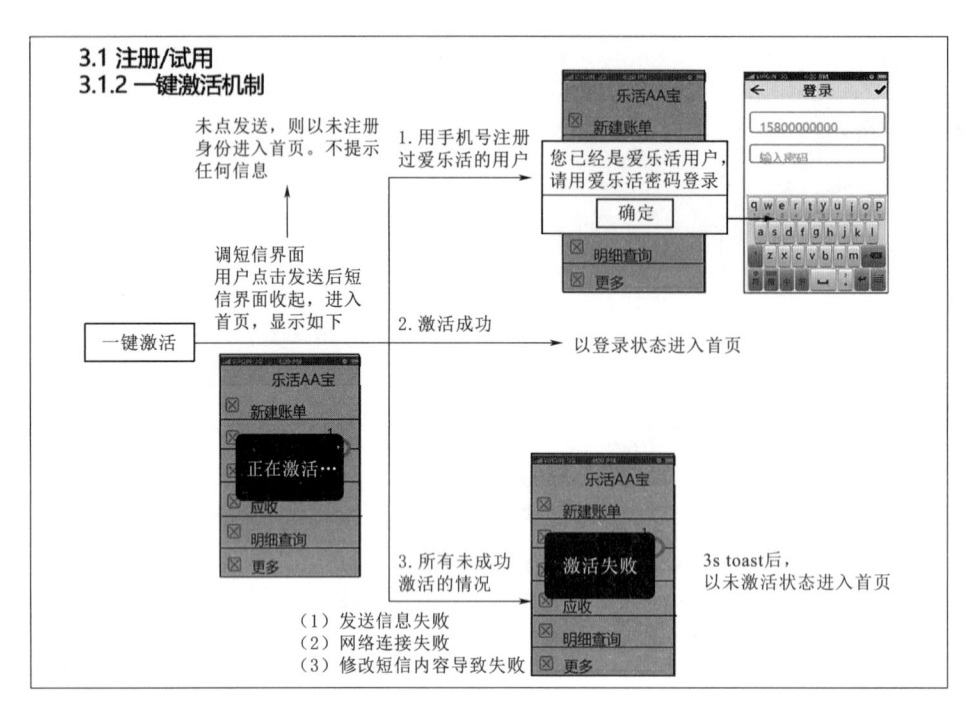

图 4.27 UI Flow 示例

在经过了信息架构、线框图设计和交互流程设计后，服务系统中所涉及的数字触点的原型设计就基本完成了。

4.10 参与式设计

参与式设计又称"协同设计""共创设计"，是一种将用户带入设计核心过程的设计策略。"共创"一词最早由 Richard Norman 提出，用户成为了价值创造过程中不可缺少的一员。参与式设计这一概念强调在解决问题过程中，邀请主要用户和利益相关者共同参与设计的过程，同时了解与洞察他们的痛点与需求，通过集智促进问题解决。

在设计流程中，设计团队作为主导，用户只在早期用户研究阶段与后期可用性测试阶段才介入到设计过程中，难以发挥其价值。而在设计中期（设计观点提出与设计雏形形成阶段），往往只有少数几个内部团队成员参与，这样会导致错失发现一些最有价值的和以用户为中心的解决方案的机会。参与式设计方法很好地避免了这样自上而下地脱离了实际用户需求的做法。参与式设计不仅对项目的初始探索阶段有效，还能对后续构想阶段产生效果，促使产品、服务或体验的终端用户在这两个阶段为他们共同设计的解决方案发挥积极作用。

值得注意的是，参与式设计不是让用户为设计者完成所有工作。参与式设计方法不是一个单一的格式化方法或工具，整个设计过程也没有严格的定义，更不应要求使用参与式设计一定能够得到完美的设计产出。在服务设计中运用参与式设计方法可从以下三方面展开。

1. 提供参与式的交流渠道

用户作为服务的对象、接受服务的主体，在使用服务过程中的参与感尤为重要。传统的服务与用户之间的关系是单向的，信息从服务方单方向流至用户方，缺乏提供用户的声音接收渠道。参与式设计重点在于打造服务与用户之间、用户与用户之间的双向信息流通路。例如，提供用户意见反馈渠道或通过建立用户社区，鼓励用户分享并引发更多的交流与沟通。为服务设计系统的设计完善提供机会。

2. 关注服务全过程中的用户需求

用户需求是动态变化的，用户所处问题情境不同，需求不同。设计者应根据问题环境，主动发现与确定用户需求，使服务过程中的接触点设置贴合用户期望。同时，用户需求是多样化的，而设计不可能面面俱到。这时，设计者可以依据用户群体的权重，决定需求的优先级，结合项目资金情况，对现有资源进行整合与重构。这里有一些通用的设计策略，如支持个性化定制、自适应的设计、用户个人空间设置与个人记录保存等，结合一些算法即可有效兼顾用户的差异化需求。

3. 注重用户体验的服务流程优化

不良体验大多与服务接触点设置不当有关。观察用户在使用服务的过程中，会遇到的痛点，有针对性地开展接触点优化设计。

4.11 可用性测试

可用性指在特定使用情景下，产品被用户理解、学习、使用、能够吸引用户的能力。1994年，尼尔森在《可用性工程》著作中，将可用性定义为"用户能否很好地使用系统的功能"，指标有可学习性、效率、可记忆性、出错和满意度等。

通常可用性测试从功能性、可靠性、可用性、有效性、维护性和移植性等方面考量产品可用性情况。可用性测试起源于人因工程，最早一起可用性测试的记录是施乐公司在测试 Xerox Star 工作站时使用可用性测试。可用性测试不但可以用于获知用户对服务的认可情况，还能收集到用户的行为规律，便于后续系统解决问题时的效率提升。1984年，美国财务软件公司 Intuit Inc. 在其个人财务管理软件 Quicken 的开发过程中引入了可用性测试的环节，召集了一些人来同时试用 Quicken 进行测试，每次测试之后程序设计师都能够对软件加以改进。

在服务设计中，可用性测试多用于对系统中数字触点展开评价，检验其是否达到可用性标准。可用性测试有两种形式，形成性测试指邀请用户对产品原型测试，依据测试后收集的数据改良产品；总结性测试是面向多个产品或版本，对输出数据进行对比。具体可用性测试的方法和指标有很多，应依据服务系统的特点、设计所处阶段和面向的人群而定。

1. 基本的可用性测试流程

基本的可用性测试包括以下三个步骤：

(1) 定义实验目标，制定相应任务。

(2) 选择合适的受众参与实验，实验人员观察、记录和测量。

(3) 进行测试、总结和报告结果，通常根据问题的类型与严重程度，撰写最终测试报告，总结可用性情况。

2. 其他可用性测试方法

(1) 启发式评估。启发式评估由尼尔森于1990年提出，指由4～6位专家用户，根据可用性原则反复浏览各个界面，独立评估，在完成独立评估后以焦点小组的形式讨论各自的发现，以找出可用性问题。该方法优势在于发现问题效率高，不足之处在于被试往往不是真实的用户，可信度较低。

(2) 认知预演。认知预演由 Wharton 等在 1990 年提出，通过行动预演，不断地提出问题，最后做出结论。首先，定义用户，制定具有代表性的测试任务以及每个任务的正确行动顺序；其次，开始预演并提问，问题包括：用户能否完成任务？用户能否做出正确规划？能否采取正确步骤？能否依据系统反馈完成任务？实验后，评论该行动是否有效与恰当。优点是实验材料准确简单，只需要低保真原型即可。缺点是参与预演的不一定是真实的用户，缺少代表性。

4.12 服务评价

服务评价是对已有服务系统或服务系统原型在服务体验的提升、社会价值的创造和对环保的贡献等方面进行评定与估价，同时也是帮助服务系统实现迭代优化的路径。制定一套服务设计评价体系，对于设计价值的保证与服务提升是非常重要的。

1. 服务设计评价模型

现有的具有代表性的服务设计评价模型有 SERVQUAL 服务质量评价体系和 TBL 三基线原则。SERVQUAL 服务质量评价体系从可靠程度、确定性、有形性、同理心、响应性几方面共同考察服务质量；TBL 三基线原则综合考虑生态、经济和社会因素进行评价。

2. 服务设计评价指标

服务设计评价指标方面有净推荐值（net promoter score，NPS）和投资回报率（return on investment，ROI），除此以外，常用的考察指标还有用户数量、使用时间、使用量、销售量、自助服务与服务成本等。

4.13 其他评价方法

对服务系统中实体产品和数字产品的评价方法众多，评价方法大抵可以分为主观评价法和客观评价法两类。

1. 主观评价法

主观评价法是用户有意识地参与到服务系统评价的过程中，通过分析用户所说、所想与行为，团队成员能够获得深入洞见。

2. 客观评价法

特别是随着信息技术的发展，使得收集用户评价数据的成本降低、渠道多样、意见来源广泛，用户意见的数据类型也丰富起来。通过数据挖掘、大数据分析等技术手段，获取用户在网络上的评论观点或使用系统的行为数据，借助数据分析手段进行服务评价。客观评价法包括专家评价法、行为绩效法和生理测量法等方法。

(1) 专家评价法：邀请领域内专家对评价对象做出评价。专家基于行业认知做出客观评估或通过服务设计团队提供的量表或精心设计的问卷进行打分，通过层次分析法、模糊评价法等方法，处理与分析专家的数据，进而得到结论。

(2) 行为绩效法：通过观察用户在与系统接触过程中任务与需求的完成情况、出错情况等行为数据，客观评价系统情况。

（3）生理测量法：通过眼动、脑电、皮肤电、心率等生理指标，测量用户在接触服务时的用户体验、压力、认知负荷、疲劳情况、情绪等。生理测量法具有实时、客观和真实等诸多优点。随着传感技术与数据分析方法不断成熟，逐渐成为评估方法的主流。

服务评价既要针对服务系统整体进行评估，也要对系统中各组成构件作出有针对性的评价。同时，评价应跨时间、跨触点展开，并根据评价所处的项目时间节点与阶段，和评估对象性质，选择适合的评价体系、方法与指标。

思考题

1. 服务设计的一般程序以及各设计环节中可使用的设计方法有哪些？
2. 前期调研在整体服务设计项目中的作用是什么？如何科学有效地开展服务设计的前期设计调研？
3. 结合实际项目，运用所学的方法开展服务设计实践。
4. 如何评价服务设计？

第 5 章
商业服务创新设计实践

商业服务创新设计实践 案例视频

● 学习内容

服务设计在商业模式中的创新实践案例。

● 学习目标

本章讲解了伴随服务设计商业创新的由来,服务设计在商业世界中的价值和作用,以及如何进行商业模式设计,其中包括服务设计和商业策略的流程、体验设计框架、生态系统图、商业模式画布等工具。最后通过智能家居、餐饮业、旅游业、宠物行业等各领域的设计实践案例深化理解服务设计对于商业的助力。

5.1 服务设计与商业设计

服务设计为公司的商业创新带来了全新的思考方式。通过制定创新策略、启动商业指导以及聚集公司发展的推动者,帮助产品制造商转变为体验提供者。许多机构现在正在改变它们的工作方式,即采用敏捷高效的交付方法,但问题是商业设计的功能仍然在重提瀑布式思维和方法,包括前期设计,这些方法专注于构建和操作规范,而不是通过以用户为中心的嵌入式设计持续发展。传统上,商业设计更强调理论和解决方案,而不是聚焦用户研究,这限制了组织适应未来变化和提供更好服务的能力。

服务设计应该被视为一种新型的问题解决方法,可以与现有的商业设计功能一起配合并重塑现有的功能及商业模式。它可以用来设计和扩展服务的工作方式,也可以影响和塑造组织的工作方式。最重要的是,这意味着设计从外部开始,而不是从组织的内部面向业务的角度出发。从组织作为服务提供者的角色及其目的开始,认识到设计方法的差异至关重要。

服务设计开始增加价值的地方包括:了解用户需求,与用户研究和团队合作,从整合和学习活动中创造价值。从以用户为中心的角度重新构建问题,确定优先级,并提出有关组织设计的正确问题(即采用面向服务的方法)。使用视觉通信和地图作为与不同类型团队(包括数字、运营和政策团队,以及高层和企业领导层)合作的工具集。使用原型来展示事物是如何运作的。明确工作的战略重点以协调跨服务的工作。从作为服务提供者的角度理解服务模式并确定其优先级(专注于跨服务创建一致的用户体验以及更高效的服务)。

这些都是需要借助服务设计而不单单是商业设计能够完成的角度,没有用户研究,就无法设计和提供好的服务,单纯的商业设计可能与服务思维存在些许差异。现有的商业设计功能在组织内部具有详细的领域知识,了解和规划运营、系统和技术能力中的高度复杂性，需要改变的是对组织中任何设计活动的重视。这需要更少地关注正在生产的单一产品，并且通过前期规划来实现具有战略意义的概念。相反，设计和交付更好服务的过程需要更加支持战略设计决策。因此需要一种设计方法，这种方法能够连接各个组织之间的孤岛和工作，并能够交流和达成共同的目标以支持各个层面的决策。

当我们开始关注内部人员和外部用户的体验设计时，服务设计就是商业设计，这是服务工作原理的前端和后端，这意味着服务设计应该明确和塑造组织内部事物如何运作的，包括管理、沟通、工作方式、员工体验和文化等。

21世纪的组织形式必须遵循功能和服务，服务和解决问题是使命，组织设计或组织方式是实现这一目标的手段，它将人员、资源、技术聚集整合，这不是自我服务和自我延续，反而在商业设计的运作方式中最为常见。

服务设计关心用户体验，重点在于用户友好性和产品的理想性。商业设计专注于创造、交付和获取价值，它关注为客户和合作伙伴带来的切实利益，商业设计师和服务设计师从不同的角度看待创新。

商业设计和服务设计能够应用不同的技能组合，认识到从用户角度、从业务、技术或运营角度工作时所需的思维方式转变。这就是为什么在处理服务或项目中，发现并构建问题时需要从商业和服务两个观点找到平衡。

5.2 服务设计在商业创新中的角色与作用

假设你正在为急诊室的护士设计一个移动应用程序，用于记录患者数据。你可以设计一个漂亮的用户界面并拥有完整的功能，但你也许没有考虑到急诊室护士所处的物理环境：他们经常被打断，他们有时不得不事后记录数据，他们总是在走动，他们不断地与几个不同的健康从业者互动。如果你的用户界面设计（user interface, UI）没有考虑到这些限制和环境因素，那么你的设计就没有考虑到生态系统。

设计不仅关乎最终产品，而且关乎问题的识别与定义，然后才是研究、创建、测试和实施解决方案的系统过程，没有服务设计，你就无法提供整体解决方案。虽然出色的用户体验可以带你走得更远，但无法从根本上解决问题。

服务业的快速发展使各行各业的资源建设成为行业信息和产业的知识基础，共享不同产业的资源，实现跨行业创新和跨行业的经验，创造新服务和创新渠道，并为消费者提供新的体验和需求的满足感。服务设计着重于用户体验，随着服务设计项目的兴起和爆发，服务设计管理已成为必然趋势，其重点是用户友好性和产品理想性，但这还不够，想象一下，一个团队已经为非常受欢迎的产品建立了良好的用户体验，但是如果没有商业模式，就无法向消费者提供产品或服务。我们需要一起进行商业设计和服务设计，服务设计师应了解业务并了解基础知识，而商业设计师应了解用户体验的重要性。

服务设计在生活中起着重要作用，在新的组织关系中，服务设计更加关注内部和外部的互补和流动，以及服务设计如何在组织中产生价值，通过发起创新研究项目，人们将越来越能够看到组织内服务设计的使用价值和创新价值。企业内部的组织结构不是静态的，随着外部利益相关者的变化，服务设计将扮演非常重要的角色，提供良好的链接和传输功能。服务设计理论已广泛吸收了有价值的理论，面对不同的行业，服务设计需要重新整合其自身内容的一部分以进行对应和使用，并集成创新的新行业服务设计方法论以在整合行业中发挥标杆作用。

研究表明，与产品和流程创新相比，商业模式创新可以创造高达25倍的竞争优势，然而，只有17%的公司投资于评估其商业模式设计。虽然越来越多的公司了解商业模式创新的重要性，但它们在设计或重新设计业务时仍然很难将高级商业建模概念转化为实用的技术和工具。

为什么我们需要服务设计？服务设计从客户的角度全面地看待服务，换句话说，服务设计适用于所有人和一切。客户体验、客户理解、客户导向、业务资源、统一服务质量、服务承诺和价值主张等概念是服务设计的基本概念。

1. 在开始时发现错误成本更低

服务设计确保向客户和客户的客户创造价值，并且站在客户的角度看待服务开发。如果在产品开发的早期阶段就专注于客户，不仅能够确保产品和服务的用户导向，同时也能够降低服务的错误成本。服务设计考虑了用户体验，用户体验强调功能性和易用性，而客户体验会留下记忆。因此，UX不是CX。长周期的服务设计从公司客户导向和内部服务的功能开始，以确保服务开发中的客户导向，并确定多渠道客户的客户体验。

2. 服务设计打破企业内外部的信息孤岛

服务设计通常被描述为一个舞台，客户扮演观众的角色。换句话说，客户不知道、也不需要知道后台发生了什么，客户对公司内部发生的事情不感兴趣，大公司尤其面临这样的挑战，即部门和员工可能会围绕自己的工作职能形成孤岛心态。在这种情况下，发展发生在同一个圈层内却没有任何新的想法，风险在于人们只会从一个角度看待事物，即他们自己的观点；另一个风险是，当任务从一个部门转移到另一个部门时，它们可能会无人问津。服务设计解决了这些问题和挑战，它确保打破孤岛的界限，鼓励交流想法，确保工作顺利进行。

3. 通过为客户提供价值，增强自身业务

市场瞬息万变，客户对市场变化的捕捉反应迅速，产品和服务的生命周期面临缩短的风险，公司必须对变化更加敏感。因此，服务设计视角下的企业发展必须是可持续的，服务设计的优点在于即使客户是焦点，服务设计仍然会考虑企业的业务目标和资源。

4. 注重服务设计的公司以客户为导向并提供积极的客户体验

优质的客户体验只能在真正以客户为导向的公司中产生，在这些公司中，服务设计的基本概念是日常运营的一部分，这就是为什么有的企业让客户参与产品开发过程并通过服务设计进行验证的原因。尽管如此，许多公司声称自己以客户为导向，同时仍然以公司为导向的方式生产产品和服务，以至于它们无法通过外部的环境和观点进行自我审视。只有在各个层次和阶段都考虑到客户，才是真正地做到以客户为导向。

例如，在全球范围内旅游业影响了超过2.84亿个工作岗位，这些工作构成了全球经济的巨大体系，这些组织专注于为客户提供卓越的体验。他们不是销售他们的客户和客户的特定产品来解决痛点问题，而是专注于为客户提供有保障的体验。正是通过这些情感驱动的互动关系，客户才能确定他们的需求是否得到满足。因此，在这个领域内，服务设计的理念能够产生巨大的影响。通过服务设计，企业努力了解员工和流程将如何协同工作，以创造出客户满意的体验，从而形成品牌信任度。

这类设计从多方面考虑了客户体验，探讨了客户在不同时间与功能体验的互动关系。例如，餐厅会考虑客户从预订餐桌到完成用餐并在用餐结束时支付的步骤，其中的每一步，客户都希望获得特定的体验。企业使用服务设计能够使它们从头至尾审视客户体验，从而创建超出预期并取得成功所需的流程和体验。

在企业内部，业务模型和服务模型之间经常出现差异，企业可能会仔细考虑它们想要提供的服务以及它们如何与客户互动。但是，企业的内部流程可能不会面临同样的问题，也可能不会与公司致力于提供的服务紧密结合。这可能会在提供服务的人与后端出现的问题之间造成脱节，由于这些流程没有得到同等的关注，员工可能会感到更大的不满，并且可能会出现更多的低效率。服务设计迫使企业通过全面审视客户体验来发现这些潜在的缺点，它可以鼓励企业更好地了解它们提供的服务如何直接影响员工负责的内部流程。然后，企业准备进行重要的改变，以便更好地协调这些优先事项，这使组织能够更好地创造客户会喜欢的令人愉悦的客户体验。该服务设计的核心将着眼于：①适合企业。它将检查企业采用服务设计提出的优先级的实用性，以及它们是否可以在业务可用的资源和环境下实施。②变化的可取性。它将看到为客户设计的任何变化将如何吸引目标人群，以及它们是否会对企业产生积极影响。

优质的服务设计将考虑到行业各个层次的员工，服务设计中设定的目标将影响客户与业务每一步的交互。从他们与企业的第一次互动到结束的那一刻，客户遇到的人员和流程应该超出他们的预期。这意味着企业中的每个人都必须了解他们为什么以及如何调整与客户的互动。服务设计还应该通过帮助员工了解他们在客户服务中的角色，只有当每个人都了解必要的变化时，才能创建更顺畅的工作流程，同时，优质的服务设计必须切实可行并完全能够实施。它需要考虑以下因素：

(1) 涉及的人。了解谁将参与客户在整个逗留期间的每次互动，阐明如何帮助他们实现目标和有效行动，以及他们在使客户满意方面的作用。

(2) 道具和环境。服务设计还必须考虑创建出色的服务设计所需的条件。例如，如果餐厅或酒店承诺使用天然来源的有机食材来制作更高质量的食物，则需要考虑农民和食品加工环节的服务水平。

(3) 工作流程和服务流程。设计还需要考虑如何将所有这些新设计投入使用。考虑设计的每个阶段和涉及的人员以及它将如何影响客户。前端和后端都会影响客户体验，不要仅仅因为客户可能无法直接看到幕后发生的事情而忽视它。

5.3 如何进行商业模式设计

服务设计是一个以人为本的跨学科设计领域，它汇集了来自整个设计领域的各种不同方法和工具，以"创建或改进现有服务，使其对个人或组织更有效、更有用或更受欢迎"。但服务设计不是设计思维，当然，服务设计师需要利用设计思维和其他以人为本的设计实践，设计思维的思维方式是所有服务设计师都应该理解的，但作为一种方法论，服务设计并不仅仅依赖于设计思维实践。事实上，典型的服务设计项目可以将产品、图形、交互、用户体验或网页设计结合起来。

服务设计中的商业设计是一门相对较新的学科，它介于商业和设计之间。它的开发是为了补充商业世界中设计方法日益增长的相关性。正如设计机构所实践的那样，设计本质上是以客户为中心的，并专注于产品和服务的可取性，这种独特的视角推动了商业中使用的设计方法的发展和更新（图 5.1）。

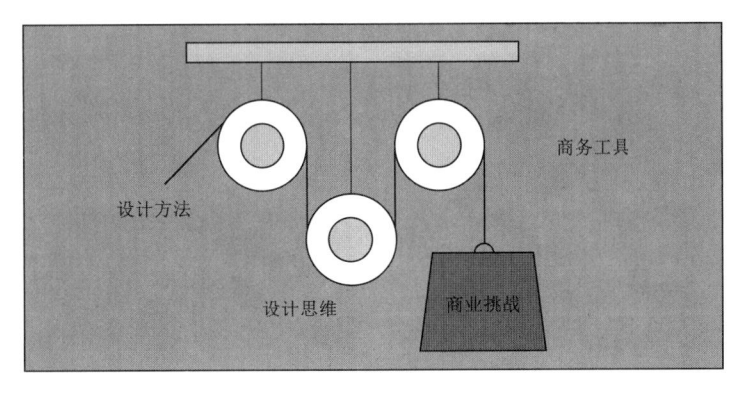

图 5.1 商业与设计之间的关系

在过去的几十年里，商业领域发生了不可思议的变化。科学技术发展和全球化的推进使得整个世界成为一个市场。曾经坚如磐石的产业其根基也许正在被瓦解，而新兴的企业却获得了有价值的估值。经过整理和解读发现，体验设计正是实现目前商业变化的方式之一，并逐渐成为不可替代的企业转型方法（图 5.2）。

体验设计+商业策略

使用体验设计和商业策略的示例设计策略过程的时间线

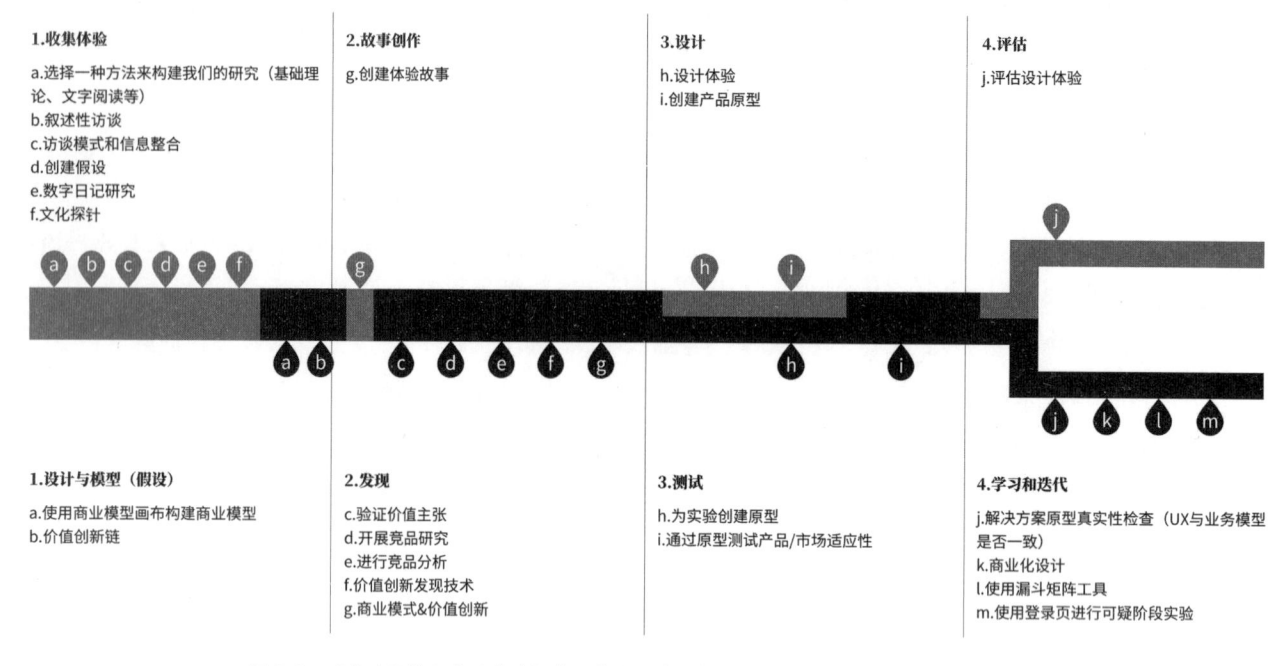

1.收集体验
a.选择一种方法来构建我们的研究（基础理论、文字阅读等）
b.叙述性访谈
c.访谈模式和信息整合
d.创建假设
e.数字日记研究
f.文化探针

2.故事创作
g.创建体验故事

3.设计
h.设计体验
i.创建产品原型

4.评估
j.评估设计体验

1.设计与模型（假设）
a.使用商业模型画布构建商业模型
b.价值创新链

2.发现
c.验证价值主张
d.开展竞品研究
e.进行竞品分析
f.价值创新发现技术
g.商业模式&价值创新

3.测试
h.为实验创建原型
i.通过原型测试产品/市场适应性

4.学习和迭代
j.解决方案原型真实性检查（UX与业务模型是否一致）
k.商业化设计
l.使用漏斗矩阵工具
m.使用登录页进行可疑阶段实验

图 5.2 "体验设计＋商业策略"使用体验设计和商业策略的示例设计策略流程的时间线

5.3.1 体验和价值

什么是体验设计？何为体验？好的体验其实就是价值的体现。对于企业来说，企业的根本宗旨就是利用获取经济利益的能力进行价值交换。价值有不同的表现形式，差异之所以存在，是因为不同的产品和服务可以满足不同的需求。有形价值吸引了大量有相似需求的人群，还有一种无形价值，但这种价值更加主观，在一些情况下，无形价值植根于专业的有形价值，不是每个人都需要这样专业的有形价值。在这种情况下，这种价值的购买者可能永远不需要真正地使用它，无形价值是要通过如何满足购买者的情感、心理需求来衡量的，这些情感、心理需求包括安全、兴奋、习惯等。还有一种就是期望价值，期望价值与无形价值密切相关，期望价值经常与个人的身份地位和理想愿望相联系。换句话说，就是通过外在的方式来满足内在的需求。期望价值通常是奢侈产品和服务的一种属性，而且一般都是品牌的潜在前提。

当今错综复杂的企业、产业和经济体都是建立在价值创造的链条和网络上的。这些关系十分复杂——多层次的、垂直整合的并协同一致的。从全球视角来看，这就导致了这样的结果：即人们越来越少地自己制作和获取东西，因为买来的商品更加物美价廉。从消费者的角度来看，所有的产品或服务等都是交互的一部分，唯有通过这样的链接价值才可以实现与展现，因此，企业需要体验设计来创造这样的"交互"。

5.3.2 商业模式如何赋能企业

信息和通信技术的创新催生了多种业务、系统和服务，为我们的日常生活提供了多种选择。从选择上班的交通工具，到在线零售和银行平台为居民提供的综合安全和设施，这些都是当今消费者的选择。

系统和服务设计师的角色需要成为系统内有洞察力的参与者和促进者，以便能够创新和设计新的系统服务。这是一个根本性的转变，一个要求我们能够从宏观和微观角度看待场景，以及能够超越显而易见的模式，以此来创造新的机会空间。

让我们从商业模型工具开始，显示产品或企业将如何实际运作的生态系统地图，它由四个构建块组成：

(1) 参与者：谁参与创造、交付和获取价值（个人、公司、合作伙伴等）？

(2) 信息流：信息如何在参与者之间流动？什么类型的信息？

(3) 货物流：产品或服务如何从供应商流向客户？

(4) 资金流向：谁付钱给谁？金钱如何走向？

图 5.3 是美国奈飞公司（Netflix）的生态系统，生态系统图不仅非常适合展示工作结果，也适合设计过程。通过使其高度可视化，可以为新的迭代和解决方案获得更好的想法。

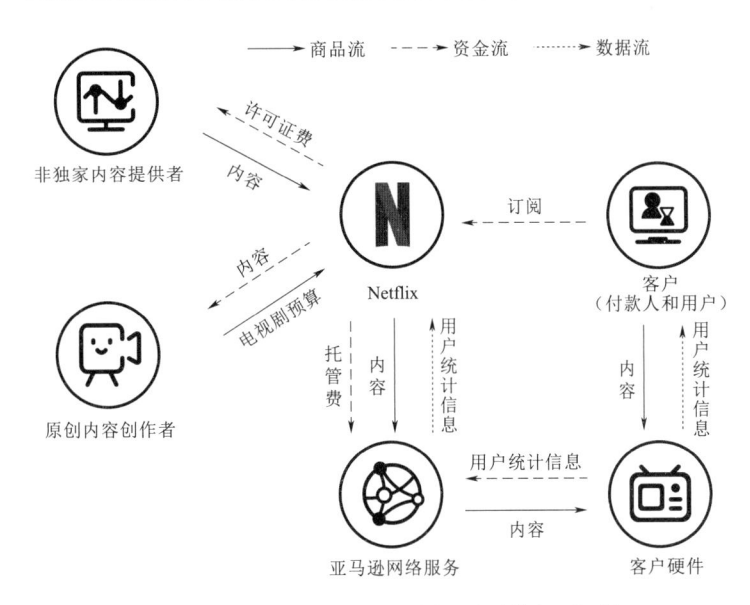

图 5.3　美国奈飞公司的生态系统（商业模式可视化）

在产品研发中，我们往往将精力重点放在了用户体验的部分，而在产品上线后却发现用户寥寥无几。究其根源，是因为对产品的商业模式没有一个清楚的认识和规划，这一问题在 B 端产品中会更加常见。商业模式是企业创造价值、传递价值、获取价值的方式，它不仅包含了企业的盈利模式，还包含了推广模式、产品模式以及设计思维中的用户模式。对于这个无形和抽象化的概念而言，商业模式画布则是一个很好的辅助工具。它以结构化的思维将其划分为九大模块，以助于我们更好地去描述、评估和迭代产品的商业模式。

在企业确认产品和所提供的服务类型之前需要确定自己面向的客户群体以及解决其什么痛点，这就对应着画布中的客户细分和价值主张模块（图 5.4）。

价值主张将产品和服务清晰明了地传达给目标人群，同时客户细分也会反过来帮助我们更好地明确价值主张细节，因此这两者有着密不可分的关系。

渠道通路横向描述了价值主张通过何种渠道传递到目标人群中，是贯穿整个服务流程中的客户接触点。因此，它往往具有多元性和立体性，在设计时需要注意评估各渠道的有效性（投入产出比）。位智（Waze）地图导航公司拥有三种主要的渠道通路：①品牌信任，指用户认可的地图、导航产品（公司），他们可以提供用户信任的基础地图信息和服务。②初期数据，指 Waze 的第一批即时路况信息数据，这些数据从出行平台（合作商）或招募的出行爱好者中获取，由数据采集员维护。③种子用户，指对公司初期相关业务有兴趣并能够产生内容的用户。

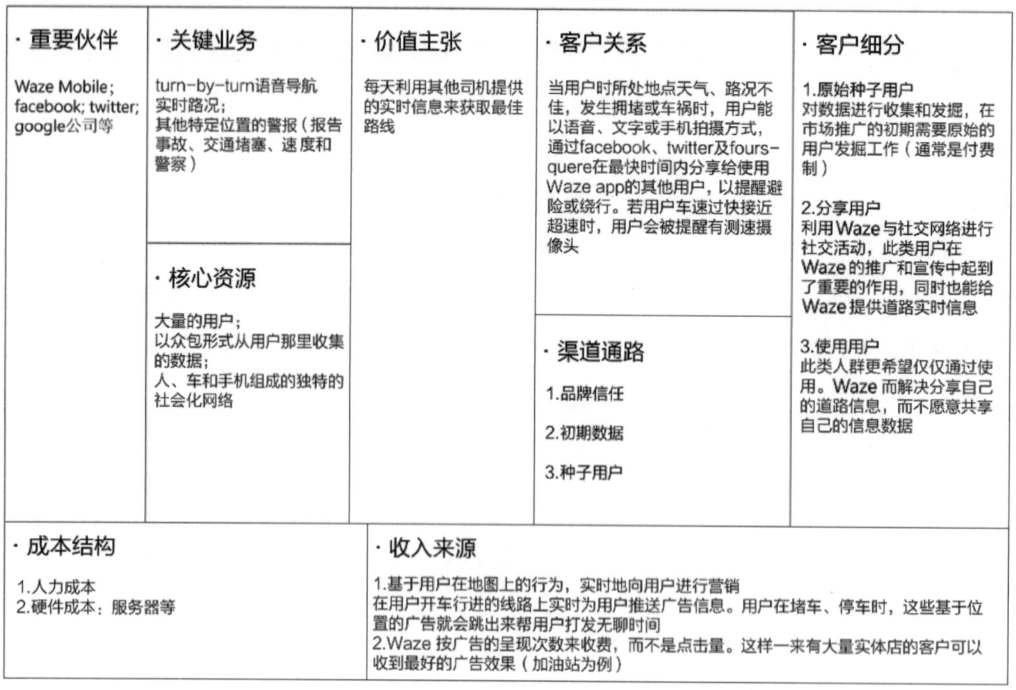

・重要伙伴	・关键业务	・价值主张	・客户关系	・客户细分
Waze Mobile；facebook；twitter；google公司等	turn-by-turn语音导航实时路况；其他特定位置的警报（报告事故、交通堵塞、速度和警察）	每天利用其他司机提供的实时信息来获取最佳路线	当用户时所处地点天气、路况不佳，发生拥堵或车祸时，用户能以语音、文字或手机拍摄方式，通过facebook、twitter及foursquere在最快时间内分享给使用Waze app的其他用户，以提醒避险或绕行。若用户车速过快接近超速时，用户会被提醒有测速摄像头	1.原始种子用户 对数据进行收集和发掘，在市场推广的初期需要原始的用户发掘工作（通常是付费制） 2.分享用户 利用Waze与社交网络进行社交活动，此类用户在Waze的推广宣传中起到重要的作用，同时也能给Waze提供道路实时信息 3.使用用户 此类人群更希望仅仅通过使用。Waze而解决分享自己的道路信息，而不愿意共享自己的信息数据
	・核心资源 大量的用户；以众包形式从用户那里收集的数据；人、车和手机组成的独特的社会化网络		・渠道通路 1.品牌信任 2.初期数据 3.种子用户	
・成本结构 1.人力成本 2.硬件成本：服务器等			・收入来源 1.基于用户在地图上的行为，实时地向用户进行营销 在用户开车行进的线路上实时为用户推送广告信息。用户在堵车、停车时，这些基于位置的广告就会跳出来帮用户打发无聊时间 2.Waze按广告的呈现次数来收费，而不是点击量。这样一来有大量实体店的客户可以收到最好的广告效果（加油站为例）		

图 5.4　以 Waze 为例的商业模式画布分析

客户关系是在明确用户需求的前提下，找到吸引顾客、留住顾客、转化顾客的方式，从而对所提供的产品和服务进行不断的改进以维系和形成良好的长期往来关系。

关键业务是指商业成功运营所必须要打通的业务，也是各个版本成立的前置条件，它与核心资源都是支撑产品内部循环必不可少的板块，是维系整体业务运作的基石。

重要伙伴是让商业模式运作更加有效所需要考虑的外部因素，除了关注具有合作关系的供应商、VIP客户、合资者以及战略联盟伙伴以外，密切关注竞争者的举动也能有助于进一步明确自身的优劣势和未来发展方向。

成本结构描述了纵向板块（合作伙伴、关键业务、核心资源）在运作时需要付出的成本。

收入来源描述的是企业通过为用户提供价值来获取的收益，需要考虑用户关系、用户细分、渠道通道因素，在互联网背景下盈利模式主要有流量变现模式、佣金分成模式、增值服务模式和收费服务模式等。在不同企业的不同阶段该两者的比重会发生变化，但在一个良好的商业模式下成本不应长期大于收入，这也需要我们去注意产品的变现周期。

5.4　商业因服务而强大

5.4.1　新零售模式下智能家居与全屋定制融合的服务体验

2017年，国务院发布《新一代人工智能发展规划》文件并指出："加强人工智能技术与家居建筑系统的融合应用，提升建筑设备及家居产品的智能化水平"，"支持智能家居企业创新服务模式"。在国家给予人工智能大力支持的同时，新零售模式的到来使得线上线下的零售边界越来越模糊，呈现出线上线下一体化发展的"双线融合"趋势。

5.4.1.1 智能家居

近年来，随着我国"5G+AIot"模式的快速发展，智能家居行业已成为我国 AIot 行业不可或缺的组成部分。据统计，2020 年，智能家居系统产业已占我国物联网系统产业的 20%～30%，同时也将继续保持着高速增长态势。

如图 5.5 所示，智能家居是"一种方便、快捷的设置"——用户可以在有网络的情况下通过移动电话或其他网络设备远程控制家中的智能设备。智能家居产品可以通过互联网连接用户的设备，使用时只需要完成部分手机操作，就可以控制家中的电子设备。同时智能家居可以通过对用户行为的统计与分析，为对标用户提供更人性化、高效的家居生态圈，这促进了传统家居到现代化家居的过渡。目前，我国智能家居相关行业仍保持着快速发展的趋势。2018—2020 年，我国智能家居应用市场整体呈现快速增长。2019 年，中国智能家居市场销售规模突破 1500 亿元，并可以预计在今后的发展过程中我国的智能家居产品市场将以大规模化持续、稳定地增长。

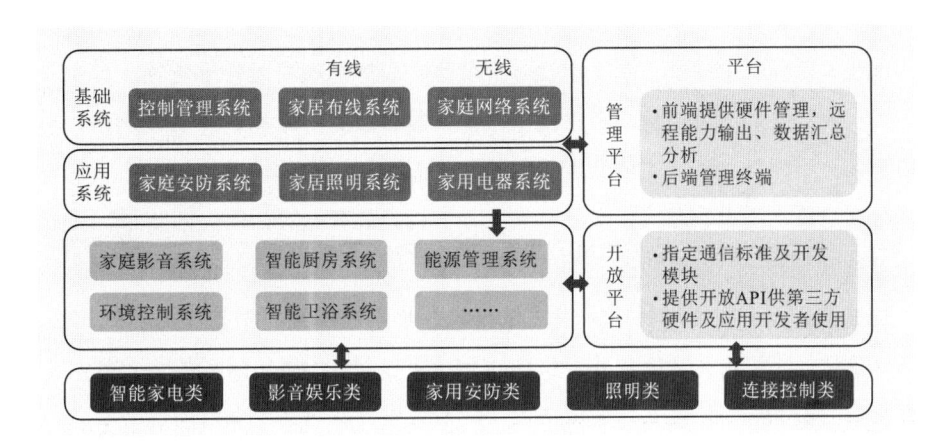

图 5.5 智能家居概念

5.4.1.2 新零售模式

纯电子商务零售的时代已经过去，未来 10 年或 20 年将是新零售的"黄金时代"。未来零售业要想取得良好的经济效益，线上线下必须紧密结合。例如，立足于智能家居的小米公司以移动互联网技术为基础依托，充分运用移动端大数据、人工智能等先进技术，对智能家居的研发生产、流通与销售三个环节进行更加全面化、系统化的改造升级，进而逐步重塑智能家居行业的结构与生态圈。小米公司还对线上用户服务、线下用户体验以及线上线下物流这三个模块进行深度化的探索与有效融合，从而产生新的智能家居销售模式。

新零售模式背景下的智能家居也迎来了新的发展点与探索点。一方面，传统经营模式的市场份额逐渐被取代，新零售模式的出现为智能家居行业带来新的选择；另一方面，随着居民人均可支配收入的增长，人们开始追求更多的体验感，消费者对选择智能家居时的个性化服务需求与日俱增。只有提供让消费者更加便捷、流畅的"一站式服务""全屋定制体验"才能赢得消费者的青睐。新零售模式的出现为智能家居产业提供了"N+1"种可能。

5.4.2 餐饮服务行业商业服务的创新设计

服务设计作为一种设计思考的方式，为人们创造和改善服务体验，它的核心是"用户至上+跟踪体验流程+触及所有触点+努力创造完美的用户体验"。服务设计作为一种面向行业的实践，通常专注于为用户提供全球性的服务系统和流程，以此不断提高环境、沟通和产品等领域的控制、满意度、忠诚度和效率。因此，服务设计是加强现有服务和创造新服务的一种创造性和实用性的方式，是一种全面、贴心地理解客户需求的商业项目的整体方法。

随着人们对消费的预期不断提高，一些现有的服务设施和服务系统已不能满足消费者的需求。通过服务设计整合行业经验，能有效地提高品牌和企业的整体形象，使消费者对服务的满意度提升。企业通过品牌知名度和整体品牌形象的提高，将带来更多的投资合作机会。与此同时，企业服务效率的提升也可以通过服务设计来解决。

服务设计所涵盖的范畴很广，特别是在餐饮行业。最早的餐饮服务仅仅是给客人提供吃喝和座位，后来随着规模的扩大，衍生出包括休息、娱乐等服务，即提供餐饮娱乐一体的休闲生活类服务。事实上，餐厅服务以品牌为导向，将好的服务和体验提供给消费者，渗透在用餐过程中的各个细节中。

以海底捞为例，海底捞是以火锅为主要菜品的一家中国传统餐饮企业，目前已在香港上市，其打造的"服务之王"的品牌形象深入人心，每当人们提及"海底捞"三个字时，便会想到热情的接待、贴心的服务、统一的味道等，可见海底捞的品牌特色已经深入人心。正是因为海底捞"顾客至上，服务至上"的品牌理念以及人性化、亲情化的管理模式才赢得广大消费者熟知和喜爱。

我们知道，在传统餐饮服务业中都包含及时性、异质性、同时性和易逝性等特性。其中，及时性是指，消费者通过消费服务后，便可及时通过自身真实感受来感受其餐饮服务的好坏；异质性是指，不同的员工、多样的顾客、复杂的场合以及不同的时间带给消费者不同的体验和感受；同时性是指，生产、销售、消费基本同步进行，当面服务并当面消费；易逝性是指，享受餐饮服务的机会只有一次，用完即结束。海底捞除具有这些特征外，还拓展出品牌特色服务——等位服务，除了提供沙发、座椅、收纳箱、无线充电等硬件设施满足消费者的舒适感之外，当餐前餐品没有完成时，还提供免费果盘、小吃和饮料。对于不同的人群还提供了专属服务区，如小孩子就餐结束后，可以去儿童娱乐区，多样的玩具能够满足小孩子娱乐的需求，女士就餐结束后可以去免费美甲区，无论是与朋友一起还是餐后消磨时光，都最大限度地满足了女性的部分需求，还有更多细节之处的服务满足了大多数消费者的需求，如免费擦鞋、免费上网以及提供日化用品等。

除等位服务外，还有就是全面的"餐桌服务"，服务人员面对不同的人群会提供不同的餐桌服务：面对长发消费者会提供头绳或发簪，有效解决了进餐时的长发困扰；面对戴眼镜消费者会提供眼镜布，有效解决了进餐时镜片起雾或有油渍的问题；面对人数较少的餐桌时，会建议消费者点取半份；还有餐前提供热毛巾擦手消毒、拉面表演和手机套服务，这些细节都是以体验为中心的体验式服务设计的体现。

以上种种服务体制可以汇总为"海底捞品牌服务包"，将服务包中所有内容分为四类：中心服务为提供优质的食品和舒适的就餐服务等；方便服务可以分为物质基础如门店、桌椅、餐具、环境装饰、菜品、洗手间配套设施、围裙、头绳等，和相关的辅助业务如接待员、服务员和收银员；显性化的服务如消费者可以在等餐的过程中免费享用的美甲、擦鞋、无线上网、多种象形棋牌、小吃和饮品以及配套的儿童休息区等娱乐设施；隐性的服务即是可以为消费者提供心情愉悦的"贴心、暖心、舒心"的服务。

除以"顾客至上，服务至上"的品牌服务外，海底捞的服务创新也是成功的关键部分。流程的标准化、安全卫生稳定的材料供应、员工当家人的人性化管理、排号排队管理、公平的管理以及晋升的公平等，都是使得海底捞的服务设计体系能够成功的主要因素。海底捞的服务创新可以总结为以下几点。

1. 标准化

在全国四个大城市中，海底捞设立的核心配送中心，并由美国 Harvest 公司提供规划、建设和管理咨询服务。海底捞通过对门店以及配送中心的数据获取与分析以及严格的配送规划，在保证门店材料供给正常，并完成日常任务的情况下，有效地降低了配送中心的库存。另外，现代化的设备也使得海底捞的工作更为标准化，服务人员通过平板电脑的操作让消费者半自助点餐，使得工作更为方便，消费者操作性更强。

2. 人性化

基于利益相关者的角度，海底捞同时关注提供服务方的员工福利，落实员工的权利，从工作、生活等各个方面满足其各种需求，从而使其全身心投入到以顾客为中心的服务中。人性化主要体现在以下几方面：

(1) 家庭服务：海底捞为使员工更加安心工作，避免因社会问题或生活问题困扰员工，海底捞在为员工解决住房问题的同时，员工子女的学业问题也得到保障。

(2) 晋升服务：根据马斯洛的需要层次原则理论，当每个人的基本生理要求、安全性需求和对社会的需求都得到了满足后，会在更多的尊重和自我实现层面上追求更多的需要。在海底捞，几乎所有的经营管理人员都是来自于基层。公平、规范的内部绩效晋升体系鼓励基层员工勤奋努力，不断提高能力。

(3) 自主服务：海底捞提倡信任与平等的社会价值观，赋予了一线服务人员极大的自主权利，员工们能够做出决策给他们的客户提供打折、换菜甚至是免费服务。为了预防权利被过度滥用，海底捞动员工通过刷卡的方式行使权利，并且做到科学化管理。这样，信任的基本原则和权限被最大限度地下放，使得员工真正地成为基层公司的经营管理人，让公司的基层服务者获得更强烈的参与感。

3. 信息化

海底捞不仅可以在各大餐饮软件平台订餐，还通过微信公众号、小程序为消费者提供就餐前的贴心服务，能够使消费者更好安排自己的就餐时间以及就餐地点，有效避免了消费者到达餐厅后长时间等待、无座位的困扰。在智能化方面，海底捞率先提出了"无人餐厅"的智能化餐厅，消费者可以通过iPad点餐结束后，从配餐、传菜以及各种服务，甚至拉面表演都成为了智能机器人的工作。在"无人餐厅"中还有一大亮点即沉浸式体验，"无人餐厅"开创性打造了一种360°全屋环绕式立体投影，在这种智能的环境下进餐，消费者的进餐体验会更好。

在我国，一直以来餐饮行业种类繁多、菜系复杂，与其他行业相比难以被整合，不易受到资本家的重视，以至于消费者对于就餐的许多问题形成了体验惯性，难以实现更加周到的人性化服务。但是，随着移动信息技术的渗透，餐饮业正在加速成熟，更多资本的视线正在转向餐饮业。随着消费者消费水平和能力的提升，我国餐饮消费大趋势必将持续上升。我们看到，互联网带给生活极大便利的同时，服务周到的流程设计可以给一个企业带来新的活力，商业化价值也会越来越大，用户满意度必将越来越高。

5.5 商业计划书——"蹄哒牧骑"牧区民宿旅游下的马文化服务

5.5.1 国际马产业发展及分类状况

目前，世界许多发达国家马产业已非传统的役用马产业，在经历了转型期后，都积极拓宽马的社会应用领域，除了将运动马产业作为当地重要的经济增长点外，也将其引入骑乘、治疗、影视、展览及广告宣传领域，让更多人接近马。现代马产业作为新型产业，融合一二三产业，内容十分丰富，将文化、体育、竞技、休闲综合于一体，集高端、自然、时尚于一身，延伸出十分丰富的产业链。

马产业主要包括博彩赛马业、旅游马业和产品马业（马产品综合开发）三个方面。有关马的农牧业可被视作"第一产业"；有关马的食品加工、马术相关用品、马生物科技研发等称为"第二产业"；休闲马术、马术竞赛、马术观赏、旅游马业等称为"第三产业"。

国际马产业的发展模式有五种：一是休闲骑乘马产业模式，二是赛马产业模式，三是马术产业模式，四是产品养马产业模式，五是马球产业模式。随着社会的飞速发展，传统马产业逐渐转为现代马产业（也称非役用马产业），主要内容包括马术运动、赛马、文化娱乐马术、旅游马术、马球、育马以及金融、服务等行业。

1. 休闲骑乘马产业模式（以美国为例）

美国是世界马产业超级大国，其50个州都有马产业，主要集中在8个州，每个州大约有50～100个养马场。马在美国一直是自由、力量、美丽和高贵的象征。美国马产业主要包括赛马、娱乐、竞技、传统工作及其他（如情感培养、医疗等）五个方面。美国马场采用集约化管理方式和配套的科学技术，在马匹繁殖、育种、饲养、调教、幼驹培育等环节做到严格管理，利用电脑储存每一匹马的相关档案。美国马场培育的马匹系谱清晰、体质外貌良好，能做到及时测验竞技能力和进行后裔鉴定，马匹质量处于世界领先水平。

2. 赛马产业模式（以日本为例）

日本主要饲养纯血马，马产业以赛马产业为主。日本本土马包括宫古马和木曾马等七种土种矮马，完全出于农业生产和交通运输的需求。20世纪60年代，随着农业机械化的发展，体育运动和娱乐成为马产业的主流。日本的赛马分为中央和地方两种类型。日本中央赛马会利用各事业所的设施举办"亲马日""爱马日"等活动，让人们接近马、了解马，并在东京赛马场内开设日本中央赛马会赛马博物馆，让参观者了解赛马的历史、规则等，从各方面宣传马文化。

3. 马术产业模式（以德国为例）

德国的马术运动很受女性欢迎，会员中70%以上是女性，而男性所占比例不到30%。德国马术运动的成功与马术用马的成功繁育密不可分，2004年，共有不同血统的8923匹种马和110635匹母马进行了血统登记，经7178次配种共有45873匹已登记血统的马驹出生。

4. 产品养马产业模式（以俄罗斯为例）

俄罗斯产品用马主要包括肉用马和乳用马，在养马产业中约占30%，在马匹的各种利用中也占有很大比例。在农业发展规划中，俄罗斯发展肉用马养殖就是其中一项，养殖户还可获得联邦的财政补贴。酸马奶，是一种营养丰富且有解渴作用的饮料，在俄罗斯很多地区受到欢迎。俄罗斯是世界上首个使用酸马奶治疗肺结核的国家，目前，产奶品种有哈萨克马、巴什基里亚马、新吉尔吉斯马及杂交马，根据情况可挤出35%～75%的奶量，其余的留作马驹饮用。

5. 马球产业模式（以阿根廷为例）

马球起源于中国汉代，兴于唐宋。现代马球起源于英国，是全球非常盛行的一项马上运动，在马球运动基础上形成了马球相关的产业。阿根廷农牧业发达，潘帕斯草原适合马匹的生长。此外，阿根廷第一块奥运会奖牌来自马球比赛，所以阿根廷将马球视为国粹，推动马球运动逐渐产业化。阿根廷重视和普及马球马繁育、训练，是全球最大的马球马输出国，促进了阿根廷马球产业的发展，并向全球输出马球人才。

5.5.2 国内马产业发展现状

中国目前面临由传统马产业向现代马产业的转型期，现代马产业正处于发展机遇良好的有利时期。

马作为特殊家畜，既具有普通家畜的产品功能（如马肉、马奶、马油等），又可开发马系列健康食品（饮品）、时尚用品、生物制品、日化用品、文化用品、医疗制品，更具有物质文化与精神文化传承的载体功能（如蒙古马和蒙古马文化），现代马产业涉及农业、金融、教育、文化、体育等多领域，推动多业态的融合，具有巨大的社会价值和经济价值。

许多发达国家（如美国、日本、澳大利亚、英国、法国等）在举办各种商业赛马的同时，全面开发马产业的潜力，美国、德国、英国、阿根廷、日本、俄罗斯等已形成了各具特色的现代马产业，成为国民经济重要的增长点和支柱产业之一，产业增加值达到千亿美元以上，提供上百万个就业岗位。在发展中国家，马产业是正在兴起的"朝阳产业"。随着社会经济发展和科技进步，马匹主要役用功能被逐步取代，以体育休闲与产品消费为主要特征，融合一二三产业的体育竞技、旅游休闲、马文化、马产品、饲草料和驯养调教等现代马产业孕育而起，创造着巨大的经济、社会、文化和生态价值。伴随着中国产业重视程度和中外合作水平的不断提高，中国马产业进入了崭新的发展阶段，在促进产业沟通、开展商贸合作、推动国际文化交流等方面发挥着越来越重要的作用。

5.5.3 国内马产业存在的问题

1. 马产业发展基础较弱

随着社会文明的发展，马的社会作用也发生了较大变化，从传统的骑乘、役用逐渐过渡为娱乐观赏用。同时，由于中国马产业缺乏经济利益驱动力，广大农牧民养马的积极性受挫，使得中国马匹数量呈逐年递减趋势。近年来，市场对马匹的需求量越来越大，而马匹的发展远远跟不上市场需求的变化。在大量需求马匹的情况下，马匹的繁殖育种不成体系。缺乏专业统一的育种规划，造成民间养马者盲目无序地进行马匹杂交，马匹改良效果差，市场认可度低，马匹产量及质量无法得到保证，而原有种质资源具有的优良特性也因无序杂交而退化，养马积极性不高，阻碍了产业健康发展。

2. 马产业发展主体不完善

马产业的行业龙头企业较少，马术俱乐部发展不尽如人意。能够带动整个产业发展、带动农牧民增收、具有竞争优势和知名品牌的马产品企业较少，产业链各个环节的关系还没有理顺，以马匹育种企业为支撑、马产品加工企业和马竞赛文化娱乐企业为引领的产业发展格局还没有形成。养马专业合作社数量虽然有所增加，但是合作社的自身实力、发展活力以及推动马产业发展的能力都相对较差，辐射带动农牧民和服务马产业发展的能力有待提高。

3. 马产业发展保障条件不成熟

目前，中国马产业发展保障条件不成熟，一方面是马产业发展的基础硬件，如马博物馆、马展览馆、传统民族赛马场、马主题公园等公益性、群众性设施建设还不够充分，缺乏大型综合性体育休闲娱乐马术活动中心等设施。另一方面是马产业发展人才保障条件，致力于培养现代马产业人才的高校专业和运动马学院数量还比较少，教学体系和教学内容都有待于和国内外马产业发展的先进水平接轨，招生方式仍比较固定，除计划招生、自主招生外，缺少定向招生、联合招生等招录方式，导致专业骑师、驯马师、教练员、裁判、马兽医、饲养师等技能型专业人才短缺，缺乏相应的机构开展从业资质认证。

4. 马产业发展系统性不够

目前，马文化与马产业融合发展的系统性统筹仍有不足，而马产业能否在中国快速健康发展的关键在于人们能否真正从文化上接受马产业。例如，牧民们自身虽然对马有热爱和崇拜之情，但难以让马的文化功能价值迅速与马产业融合，这仍需要人们对新时期马功能价值的文化认同。当下，中国马产品产业化开发滞后、研发缺乏特色、马术赛事发展落后，马产业与文化融合方面的价值提升空间巨大。

5. 产业融合发展思路不够明确

马产业是一个可以预见的融合一二三产业的庞大产业链，马产业已经在以马匹饲养繁育、马相关生物制品为代表的第一、第二产业构建起了清晰的产业链。但是在相关服务产业，如休闲旅游发展等第三产业方面的发展明显不足。纵观国外现代马业的发展历程，可以看到第三产业在整个马产业链中具有重要地位，拥有很大的发展潜力。对融合发展的重要性认识不足，重视不够，主要表现在以下方面：马文化旅游项目内容单一，马文化旅游项目对民族特色和文化挖掘不足，旅游景区实景演出项目营销方式单一且效益较低，马术实景演出内容缺乏创新且没有带动衍生品消费等。

6. 马产业发展社会氛围不浓

除国家的马业协会经常开展工作外，县域层面的马业协会工作开展较少，会员数量少。缺少马产业相关组织机构导致的后果就是：一方面难以将热心保护和发展马业的专家、学者和牧民组织起来，加强与宣传文化部门的沟通；另一方面难以定期举行相关座谈会和论坛交流经验，这些都将阻碍马产业的发展。马产业发展社会氛围不浓与群众认识与观念落后、马产业相关的机构组织相对较少、马文化传承机制断裂、缺少推动融合发展的舆论环境等方面因素有关。

7. 马产业发展政策支持力度不够

产业发展离不开政策的大力支持，马产业本身属于多要素融合产业，势必涉及多个部门的协调，然而目前文化产业部门、体育部门、旅游部门、农业农村部门，没有从政府层面建立统一协调机制，没有出台相关措施和政策，从上到下还没有充分认识到马产业发展对整个区域经济的重要意义，马产业发展经常会陷入无章可循的窘境。主要表现为：一是马产业发展目标、规划不明确，政策支撑体系不完善；二是缺乏对马产业的财政金融支持，缺少适合马产业发展特点的金融模式和信贷新产品；三是马产业发展优惠政策落实不够；四是限制商业赛马政策不明朗。

5.5.4 国内马产业发展方向

1. 加快马产品生产业发展，提升企业竞争力

马可开发利用的产品种类很多，马肉制品、马奶制品、马生物制药等，都能为社会提供大量的就业机会，成为新的经济增长点。从国内外的市场行情看，马产品价格稳中有升，市场需求不断增大。可深入开展马脂、马肉、马乳等综合研究，开发科技含量高、附加值高的产品，调整畜牧业生产结构，拓宽畜牧业产业链，改变马产品产业的发展现状，提升马产品生产企业竞争力。中国可借鉴俄罗斯的产品养马产业模式，在产品马繁育养殖和开发方面积极吸取有利经验，如可利用自然环境恶化的草场进行肉用马的养殖，提高天然牧场资源的利用效率等。

酸马奶在世界各国普遍受欢迎，在俄罗斯有100余家酸马奶治疗所，在哈萨克斯坦等国马奶产品已经形成一定的工厂化商品生产规模。在中国，内蒙古中蕴马产业发展有限公司、新疆永航生物科技有限公司等一些企业开始涉足马奶加工领域。然而，由于受到世界各国宗教信仰、民族文化影响，马肉、马奶等产品难以形成大量的消费群体，其产业始终难以形成规模。

2. 赛马、马术周边产业发展潜力巨大

随着赛马、马术运动的推广和发展，赛马马术设施的生产开发、马匹养护和管理、骑乘用具及周围产品的开发利用等也已成为极具增长性的新型产业，将会迎来更快的发展。比如，标准化马厩、标准型自动遛马机、移动式或固定式赛马马闸、马术场围栏、马术专用纤维与砂、标准比赛障碍等大型设施设备；乘马专用的马鞍、笼头、衔铁、马衣、马镫、低头革、缰绳、汗垫等；乘马专用服装，如头盔、马靴、马裤、手套、安全背心、比赛服饰、马鞭；马球比赛所用马球、马球杆、马球马鞭、拾球器等，生产、销售、消费都将形成高附加值的产业链条，为社会就业、娱乐、消费提供极大的市场空间。而马匹护理、马房用品、马匹调教用品等都将形成新的产业，赛马、马运动、马管理等也会形成热门专业和专门教学课程。同时，一些马文化产品，比如专业书籍、杂志、图册、特色纪念品、工艺品、挂件，甚至主题电影、情景剧等大型马文化产品也将逐步推广发展。

3. 马文化旅游及休闲产业将成为新的增长点

现代马业不断扩展至旅游、文化、休闲娱乐等领域，骑马旅游、景区骑马、马术体验、表演马术等活动逐渐成为广受普通消费者欢迎的休闲消费运动项目，将成为现代马产业，乃至地区经济新的增长点。休闲骑乘业更趋于全球性，如国际马术旅游联合会（FITE），已成为国际马联之外的一个重要马术竞赛组织，对于世界马术文化的普及推广具有重要意义。其比赛项目不同于奥运马术项目，它们更多的是依托民族文化性和旅游娱乐性，具有很强的观赏性、娱乐性和参与性。目前在欧洲各国正在快速普及。比如马术定向越野、马背骑射、工作马术（牧人竞技）等。

目前，我国现代马业普及还处于初级阶段，然而，我国拥有数量庞大的马术户外运动消费者，随着各级政府对文化旅游产业的大力发展和文旅特色小镇的推进，马术文化旅游消费必将快速扩张，切实推动我国马产业实现根本性转变，也将促进以中国为代表的马产业发展相对滞后的国家在旅游和休闲娱乐马业等方向的发展。

5.5.5 产业经营业态

5.5.5.1 马匹养殖户主要经营业态

1. 牧民自繁自养模式

自繁自养模式资金投入较大，在畜禽产品价格上行周期中，该类规模化养殖企业扩张能力相对较弱，信用水平上升有限；但一体化产业链对食品安全、养殖成本的控制能力较强，在畜禽产品价格下行周期中，该类规模化养殖企业的成本优势凸显，抗风险能力较强，信用水平将得到较大支撑。

在自繁自养模式中，自建养殖场，统一采购饲料、疫苗，雇佣农工集中进行种马的育种和扩繁、幼马的培育、育肥等全部生产过程，并统一销售给终端消费者。从上游的育种和饲料，到中游的扩繁和育肥，再到下游的屠宰销售，企业通过一体化的产业链做到生产全环节可控。一体化产业链使得公司将生猪养殖各个生产环节置于可控状态，在食品安全、疫病防控、成本控制及标准化、规模化、集约化等方面具备明显的竞争优势。

该模式主要以出售马为盈利方式，将马匹卖给其他马主作为种马，进行杂交培育下一代马匹，生马仔的母马用于繁殖。也可以将马驹卖给想养马的人或者专业驯马骑乘的人群，幼年马（马驹）买卖每只大约按市场价格为 5600~8000 元。对于用途不大的马可宰掉卖肉来弥补损失（每斤 35~40 元不等）。

2. 马场自养自销模式

该模式投入较大，马场成本投入一般达到千万元，个体户买马，喂马，一年投入至多几万元到几十万元。马场需雇佣工人定期为马脱敏、备鞍等，此外每天需喂马四次、割马草、除马粪。主要盈利点有马术比赛、那达慕大会、交流会期间的买卖，马肉的售卖，马的收购及配种。

5.5.5.2 马场经营者主要经营业态

1. 驭马体验型

该模式是在允许设立乘骑场所的景区（点），以马匹作为骑乘工具，在固定场地内为旅游者提供骑乘体验的有偿旅游服务的经营活动，属于娱乐性、参与性的旅游活动。由场所的法人或自然人，向所在的景区（点）提供经营申请、经当地兽医检疫马匹合格的证明，并与景区（点）签订经营合同，且景区运营公司对其有监管作用。以内蒙古包头市赛罕塔拉公园为例：马匹种类及来源主要为蒙古马、骑乘马、迷你矮马为主。购买渠道为当地的养殖户购入，主要为幼年马（马驹）。运营模式以为游客提供驭马体验为主，附加其他射艺、观赏体验的综合服务模式，其运营成本主要集中在以下四方面：

（1）马匹的买入。在购买马匹时为了便于驯化只购买幼年马（马驹），其价格一般在 4000~8000 元不等，仅提供骑马等附加服务的马场，不需要自己繁殖马匹，直接购入也可减少一定的成本。此外，需购置的设备购包括马床、活动饲槽、马鞍、脚蹬、马笼头、马嚼子、马拌、前腿拌等。

（2）饲养成本。马匹主要吃玉米麦麸和干草，一匹马一天喂0.5公斤玉米和0.5公斤麦麸，一年的饲养成本大致为1万元（地处赛罕塔拉为最大的城中草原，春夏季的牧草可减少一部分饲养支出，数马只能靠放牧喂养，成本会略高）。

（3）人工成本。首先是饲养人员，作为骑乘马，需要人工每天进行保养刷拭、洗涤蹄子，饲养人员的工资为4000～5000元。其次是驯马员与前台服务人员，驯马师的工资为4000～8000元。最后是前台服务人员，他们主要负责接待游客、登记详细、解答咨询，其工资为3000～4000元。

（4）其他成本投入。如遇上马儿生病，需要请兽医上门治疗，其价格较高；此外，马匹需要进行定期的药品注射防止生病。

该模式的主要盈利点有三个方面：游客的骑行体验收费（120～500元）；民族服装租赁和拍照费用（骑马拍照大概为30块/张）；趣味射艺。

2. 专业马术型（马术俱乐部）

近年来，马术俱乐部这一新兴产业在我国蓬勃兴起。马术俱乐部是蓄养马匹并提供马匹骑乘体验与教学服务的经营机构，通常建在城郊或旅游区，许多马术俱乐部还在其核心业务之外提供一些其他休闲娱乐康体服务，并组织和参加马术赛事，有些马术俱乐部还开展繁育马匹、训教马匹等业务。

2018年全国进口非屠宰马的数量约2000匹，整体数量与2017年相比增长370匹。其中，荷兰是向中国出口马匹最多的国家，马匹数量达680匹，占比34%。其次是新西兰和澳大利亚，数量分别为400匹和130匹。

这类模式的主要商业模式是会员制。以马术为主题平台，提供针对培训会员、马主会员、家庭会员的马术培训、马匹管理、亲子活动、马术赛事以及个人家庭休闲度假和聚会等相关服务。此外还提供马术赛事等活动的策划、举办，马术俱乐部主要承担举办马术赛事的职能，具备举办马术赛事的各种设备，并以此获得知名声誉与经济效益。

5.5.6 骑马体验可行性分析

5.5.6.1 青少年、儿童骑马可行性分析

骑马健身是一项全身运动，是主动运动与被动运动的最佳结合，马术发达国家的小孩大多在3～4岁就开始接受马术教育，到6～7岁时，多数孩子可以顺利完成1米以上的障碍跳跃。一般来说，孩子从7～8岁起开始学习正规马术课程最为合适。青少年学习能力比较强，再加上身体的柔韧性与平衡感都比成年人好，因此学习马术往往比成年人更高效。马术运动对于处于发育期的青少年、儿童是非常有利的：

（1）自我成长。青少年在骑马的过程中，不断提升身体平衡感，学习独立自主，培养自信、勇气和毅力，增进自我肯定与成长，进而达到体智能（EQ，IQ，PQ）的提升。

（2）调整姿态。马术运动有严格的姿态要求，能帮助青少年调整因课业压力、长期使用电脑、爱吃零食等原因造成的不良体姿势或姿态，能长期坚持可以慢慢形成非常优美的体态。

（3）知识拓展。马术有着悠久的历史和深厚的文化底蕴以及一整条产业链，借由"马术"自身的神秘感和吸引力，能从兴趣入手，扩展孩子的知识面和眼界。

（4）挖掘潜力。马术能锻炼孩子处理事情的应变能力和勇气，激发孩子的进取心，不断挖掘孩子的潜力。

（5）培养爱心。马术是一项人与动物共同完成的运动，要求人与马之间的亲密配合。马术运动能引导孩子

与动物交流，培养耐心和爱心，让孩子更加开朗乐观，乐于与人相处，学习主动付出，从而让青少年在心理发育阶段更加健康的成长。

(6) 团队协作能力。马术讲求合作与协调，无论是人与马或者成员之间的。通过马术，让孩子以爱好交友，增加社会交往；同时，学习团队的配合、服从和沟通能力。

(7) 促进亲子关系。在骑马过程中，父母与孩子的角色扮演，主动参与，平等参与，减少了隔阂，促进亲子感情的发展；另一方面，促进孩子社交能力、认知能力的发展。孩子的模仿能力较强，在骑马过程中可模仿父母一些言语和能力，很好地与同伴进行交往与沟通。

5.5.6.2 成年男性、女性骑马可行性分析

对女性来讲，骑马具有减肥塑身的功效。骑马姿势要求挺胸、缩腹，身体配合马匹的自然律动，等于做了彻底的按摩，不但可以改善腰酸背痛、肩膀肌肉紧绷，且下肢和马体紧密地摩擦，有助于臀部、大腿与小腿的曲线塑型，是一项一举数得的运动。

对男性来讲，长期骑马会对男士的性格产生影响，形成开朗而豪放、意志坚定、处事果断、勇于挑战的性格，提升自身魅力；也可预防一些男性疾病，兼具运动健身及增强肌体之效。

5.5.6.3 特殊人群骑马可行性分析

针对特殊人群（脑瘫儿童、小儿麻痹后遗症、脊椎损伤、学习障碍、自闭症，以及成年脑卒中患者）的主要作用为"马术治疗"。

马术治疗是以马作为一种治疗工具使用，在物理、作业和言语治疗师（PT、OT、SLP）的指导下，利用马的规律性运动模式及人马互动的所有活动，针对各种功能障碍和神经肌肉疾病患者（例如脑性瘫痪）的躯体、心理、认知、社会化及行为障碍进行治疗的一种康复治疗手段。其康复治疗作用主要体现在以下四个方面：

1. 改善患者运动模式

患者利用坐在马上呈现鞍状的姿势，通过马匹正常走路时三维空间的动作去影响盆骨和躯干，其运动模式与正常成年人行走时盆骨的左右摆动和前后倾斜相似。当残障患者骑坐在马背上时，其骨盆及双下肢可以与漫步的马匹紧密贴合，马匹的肌肉运动信息可以通过患者下肢传导至全身，患者可以跟随马的运动而被动运动，从而输入并易化了一种全新的残障患者平时未曾体验过的运动模式，即类似正常步态节律和方向的运动模式。所以骑马相较于一般运动及器械康复训练具有所不能比拟的优势，可以给有错误动作模式或是从未有走路经验的残障患者提供一个特殊的体验正常人步行的机会，从而促进了运动的全面改善。

2. 改善患者姿势控制的稳定性

骑马治疗可以改善患者的粗大运动功能，马匹光滑的触感、有节奏的动作提高了肌肉同步收缩、关节稳定性、重量转换以及体位和平衡反应；休闲骑马疗法和骑马治疗改进了动态姿势稳定性，扰动恢复，姿势控制预期和反馈，可明显降低（脑瘫）患者的能消耗，利于运动能力的改善。

3. 改善身体肌肉张力和对称性

骑马治疗在治疗躯干和髋部肌肉对称方面是有效的，可以改善行走过程中内收肌活性及不对称性，还可以改善其他功能运动技能。

4. 改善患者心理及社会功能康复的影响

在心理与社会功能方面，骑马训练可以增加残障患者（特别是儿童）自信心，增强自我的概念与自尊，改善注意能力，获得空间方向感，促进口语或其他沟通能力的表达，激发克服困难的斗志与冒险精神。此外，骑

马治疗还可以改善食欲和消化、改善睡眠等。

5.6 "骑驭记"马产业服务领域综合方案提供商项目介绍

5.6.1 项目背景

马术在国外被称为"贵族运动",是由欧洲的贵族开始推行的,是一种身份的象征。随着经济的发展和人们消费观念的转变,大众对休闲体育的需求越来越高,而马术市场则是一个很广阔的领域,这与人们的休闲体育需求不谋而合。

我国目前有2160家马术俱乐部,269处公园提供骑马服务,每年有1000万人次参与过相关马体验的活动,人均消费1200元,并呈现一个逐年增长的趋势。近年来,游客往往更注重中高端、专业性的马体验,如少儿马术教育和马术专业培训等,全国马产业业态正在由单一的观光旅游向马文化深度体验转型。

目前,国内马产业发展存在以下问题:一是现有马产业结构单一,服务产业发展不足。现有马产业休闲旅游等服务产业方面发展明显不足。城市马产业种类缺乏,模式单一。二是马产业业态布局分散,各要素间缺乏有效协调。各业态地域布局分散,城市和乡村存在资源差异,资源要素没有形成合理有效的协调,相关专业人才短缺。三是城市中以马术教育和马术健身为主的相关产业严重缺失。室内马术业态发展空白,现有较少室内马术主要集中在以青少年为主的马术教育,马术健身、深度马文化体验等服务严重缺失。四是马产业服务配套设施落后。马产业相关的基础设施和体验类产品严重缺乏,功能单一,技术落后,缺乏创新。

5.6.2 项目定位

内蒙古城市与乡村马产业服务领域综合解决设计项目,依托城市与乡村现有的马产业资源和地域特征(城市室内和牧区草原),针对城市少年儿童和年轻群体,为现有马产业经营主体和潜在投资主体提供现有马产业业态的提质升级(牧区马术)和创新型业态(CBD马术、室内马术)的系统解决设计。该系统解决主要包含服务体验、教学内容、资源共享(相关专业人才和客户资源)和支持性产品(相关设备、产品和空间)等四个方面的系统解决,以此为基础,整合城市与乡村马产业资源,最终构建城市与乡村马产业服务领域综合解决方案。

以城市为背景的创新业态系统解决设计所服务的对象包含两类:第一类是城市现有休闲业态,例如中大型健身房、中大型咖啡厅、中大型书店等,这些经营主体能够通过店面空间的改造,加入相关马术体验服务(室内马术),以实现经营内容多元经营或实现马文化与原有经营内容融合的新的主题化经营。第二类是潜在的投资主体,指的是该投资主体可以通过马术体验服务(CBD马术)为主要经营内容,在城市CBD中心新开以马术体验为主要内容的场馆。

以乡村(牧区)为背景的提质升级系统解决所服务的对象主要指的是当前常见的乡村(牧区)马产业经营者,例如牧区民宿旅游经营者、各类蒙古大营经营者等。通过该项目提出的马服务的提质升级改造为目的的系统解决设计(牧区马术),以实现营业收入的提升。

室内马术和CBD马术体验的服务内容主要包含:少儿马术教育、马术健身、专业马术考级教育和成人马术四个服务内容。乡村(牧区)马术体验的服务内容主要包含:驭马体验(驭马教学体验、驭马射艺体验、放牧体验、高级马术专业训练)和特色居住文化体验。

5.6.3 规划内容

在城市区域，提供两种新型业态的系统解决服务：第一种是 CBD 马术系统解决服务，主要是指在城市商业中心开设的以马术体验为主要内容的经营场馆，这些场馆的主要经营内容包含马术教育、马术健身等。第二种是室内马术系统解决服务，以城市现有相关休闲娱乐业态，例如以中大型健身房、中大型咖啡厅、中大型书店等为对象，通过店面改造和设备引入，加入相关马术体验，实现经营内容多元化。该系统解决主要包含服务体验、教学内容、资源共享（相关专业人才和客户资源）和支持性产品（相关设备、产品和空间）四个方面的解决方案，具体规划内容主要包含：一是课程与体验规划主要内容：①少儿马术教育课程研究：包含马术脱敏课程、马术入门课程等；②马术健身课程研究：马术瑜伽、休闲骑乘等体验；③专业马术考级课程研究；④成人马术课程规划四个服务体验内容。二是支持性产品设计研究主要内容：智能驭马基础教学系统、虚拟骑乘设备、智能马术护甲、标准化的空间设计等。

在乡村区域，依托现有马产业业态，对乡村马产业服务进行升级改造。该系统解决主要包含服务体验、教学内容、资源共享（相关专业人才和客户资源）和支持性产品（相关设备、产品和空间）四个方面解决方案，具体研究内容主要包含：一是体验研究主要内容：①驭马体验（驭马教学体验、驭马射艺体验、放牧体验、高级马术专业训练）；②牧区特色居住文化体验。二是支持性产品设计研究主要内容：便携式弓箭包、移动太阳靶、多种马配饰产品、定制马蹬、马配饰皮艺制作工具、居住体验服务产品等共 9 类 12 款创新产品。

依托城市和乡村现有的马产业资源和地域特征，打造一个完整的马术服务生态链，最终构建城市马产业与乡村马产业领域的一站式系统综合解决方案。

5.6.3.1 城市马术培训体验区服务（产品）介绍

现有城市马术培训体验区，是针对现有马产业在城市布局的空白提出的一个关于马产业的新设计方向。主要以家庭为主要消费群体，给少儿提供马术培训课程，培养其对马术运动的兴趣，同时也为家长提供了配套服务，如特色马术健身房，里面可体验到马术健身器材、马术健身课程（图 5.6）。

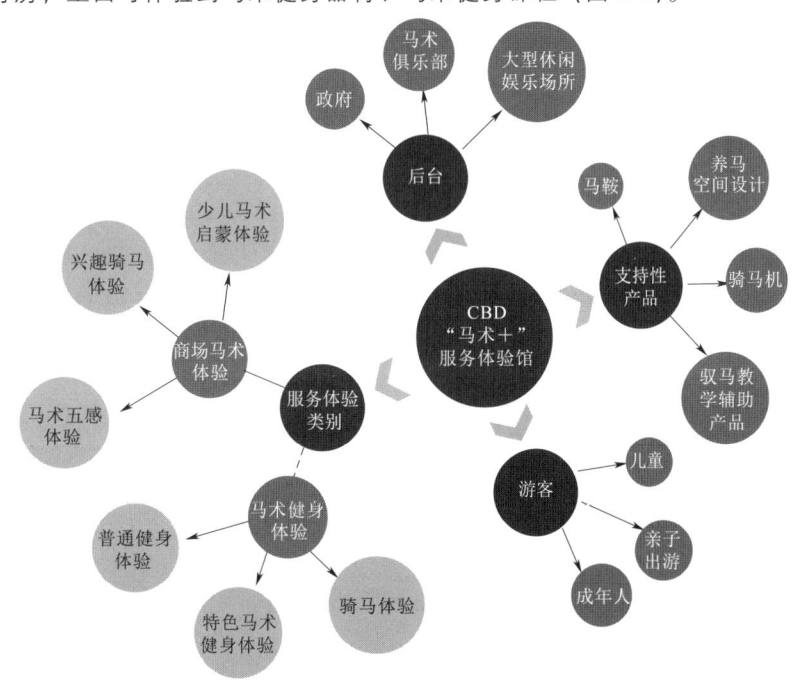

图 5.6 CBD "马术+" 服务体验馆服务系统图

1. 马术培训课程设计

马术课程的人群分类、少儿课程分类、少儿马术启蒙教学课程及青少年专业马术教育课程见表5.1~表5.4。

表5.1　　　　　　　　　　　　　儿童马术课程人群分类

儿童马术：(6~9周岁，兴趣培养反应及协调；10~12周岁，兴趣培养及简单控制；12~16周岁，马上理论及基础英式马场马术)	6~9周岁	人马亲和、兴趣培养
		简单控制、马上体操
	10~12周岁	人马亲和、兴趣培养
		基本控制、马上体操
		单独简单骑乘、简单跑步
	12~16周岁	人马亲和、兴趣培养
		马匹控制理论
		基础英式马场马术

表5.2　　　　　　　　　　　　　　少儿课程分类

序号	课程	序号	课程
1	认识马、了解马、与马互动	5	陪同骑行
2	备马	6	独立休闲骑乘（慢步、快步、简单跑步、简单控制）
3	上下马	7	基础英式马场马术（慢步、轻快步、压浪快步、前倾快步、跑步、前倾跑步、马匹控制、路线组合）
4	遛马		

表5.3　　　　　　　　　　　　　少儿马术启蒙教学课程

阶段	人群	课程	教学内容	教学目的
一阶段	3~9岁儿童	马术脱敏课	1. 近距离观察马、喂马、给马梳理毛发等 2. 人马亲和的小游戏	消除孩子与动物共处时心理上可能存在的障碍
		马匹护理课	1. 认识各种刷马工具及使用方法 2. 备鞍的流程和方法，安全有效的牵马	学会并熟练地刷马、剪毛、修饰，学会牵马
		马房管理课	1. 马房构成（人员构成、物品构成、马房建造的标准和设施） 2. 认识马房工具及使用方法	学会简单清理马房、料槽、水池
		马术入门课	1. 学习上下马 2. 打圈学习打浪 3. 慢步自由控缰骑乘	熟练上下马，懂得调整蹬带和肚带，学会打浪
二阶段	10~12岁儿童	马房管理实操	1. 学会如何添加垫料 2. 认识鞍具房、鞍具及马匹医务室，如何挑选马鞍	了解不同垫料的名称及垫料对马匹的重要性
		马匹护理实操	1. 对马匹进行全面的洗刷打理 2. 对马匹后蹄进行抠蹄 3. 冲洗马蹄四肢 4. 调整马具 5. 卸下、重新戴上以及护理马勒	熟悉马匹全面的洗刷打理过程
		马术骑乘实操	1. 快步自由骑乘，快步骑姿的稳固、握缰、辅助及方向的控制 2. 简单马术体操 3. 学习前倾坐	掌握正确的控缰方法和辅助的运用

78　服务设计与创新实践

表 5.4 青少年专业马术教育课程

阶段	人群	课程	教学内容	教学目的
三阶段	12～18周岁青少年	马房管理实操	马匹的饮食及饲养原则	了解马的饮食习性和俱乐部里的饲养原则
		马匹护理实操	运动后的马匹护理及四季的护理注意事项	掌握不同情况下的马匹护理
		马术骑乘实操	1. 快步骑姿、握缰、辅助及方向的控制 2. 快步行进舞步路线 3. 快步过地杆和交叉障碍 4. 接触跑步	能流畅地快步进行舞步路线，过交叉障碍时骑姿的正确变换
四阶段	12～18周岁青少年	马匹护理实操	巩固马匹护理课程	熟练正确地护理马匹及备鞍
		马术骑乘实操	1. 年轻马的基础调教方法和原则 2. 跑步技术的学习 3. 跑步过三至五道 30～50 厘米障碍路线	学会骑马跑步，并能稳定流畅的跑步过障碍

2. 标准化空间设计

标准化的空间设计适用于市区任何大型休闲娱乐场所，比如咖啡店、亲子运动馆等。与室内相结合的健身房，内部包含正常健身的器具之外，隔壁便是马术教学场地，让运动健身人员不仅可以举哑铃、跑步，还可以欣赏马术的魅力，更有儿童骑马教学设备辅助教学马术。木制的围栏组成了马厩，既能将马匹困住又不妨碍观赏人员欣赏马的雄姿英发，开放式的环境让马厩既经济通风还实惠美观（图 5.7）。

图 5.7 标准化空间设计

3. 相关核心产品介绍

（1）儿童仿真驭马教学设备。图 5.8 所示的产品是目前市面上唯一一款专门针对少儿专业马术培训的仿真驭马教学设备，主要针对：一是教学初期，儿童刚接触马，让他们在仿真的骑马机上进行骑乘体验，以此快速消除恐惧心理。二是在教学阶段，儿童可以在该设备上进行马术动作练习熟练掌握各项技能，使儿童从练习到实践的过程中有一定的缓冲，为后期马术教学实践打下基础，降低实践骑乘时的危险性。

图5.8 儿童仿真驭马教学设备

(2) 马房自动管理系统。如图5.9所示的产品是一款专门针对室内马匹管理的设备，主要包含自动喂养系统、自动饮水系统和自动排泄系统等三大部分，适用于室内小型马场，以解决马匹的进食、饮水问题及马厩卫生问题，从而实现自动化管理。自动喂养系统通过现有的感应技术感知马匹进食情况，以传输带运作进行自动传输饲料，得出数据后传输带上的感应器就会接收数据，马槽边的感应器则对马槽内是否有草料或有多少草料进行测量，控制传送带喂料。自动饮水系统则可以感应马匹饮水情况自动进行进水饮马，定时消毒，定时清洁，操作简单、使用方便还节省人力。自动排泄系统主要针对马房的卫生问题，可及时进行清理及气味处理。

图5.9 马房自动管理系统

(3) 儿童节拍控马器。如图5.10所示的产品为儿童马术节拍器，是骑驭记城市马术下的儿童马术教学产品，属于教学辅助设备。它在马术课程教学中加入节拍控马的前进节奏，突出解决儿童初骑阶段的问题。它在儿童真马初骑时提供给儿童和马术教练，增加马术教学趣味性、安全性和马匹控制程度，帮助儿童完成教学，成为一名合格的小骑手。

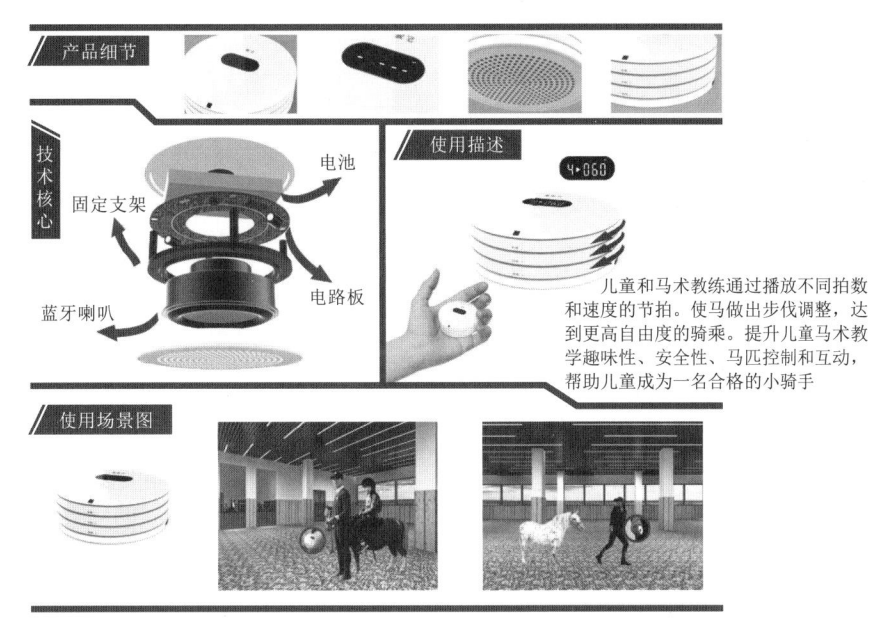

图 5.10 儿童节拍控马器

5.6.3.2 牧区民宿下马文化生态旅游区服务（产品）介绍

1. 驭马教学体验

如图 5.11 所示的驭马基础教学体验是牧区民宿马文化体验的重要内容和基础服务，是游客完成整个项目的核心体验——驭马放牧体验的必要性、基础性技能要求，同时其本身也是马文化深度体验的重要内容。驭马基础教学体验主要包含喂养体验、抚摸体验、马具佩戴体验、上下马体验、固定区域慢骑体验、自由区域快骑体验等内容。详见表 5.5。

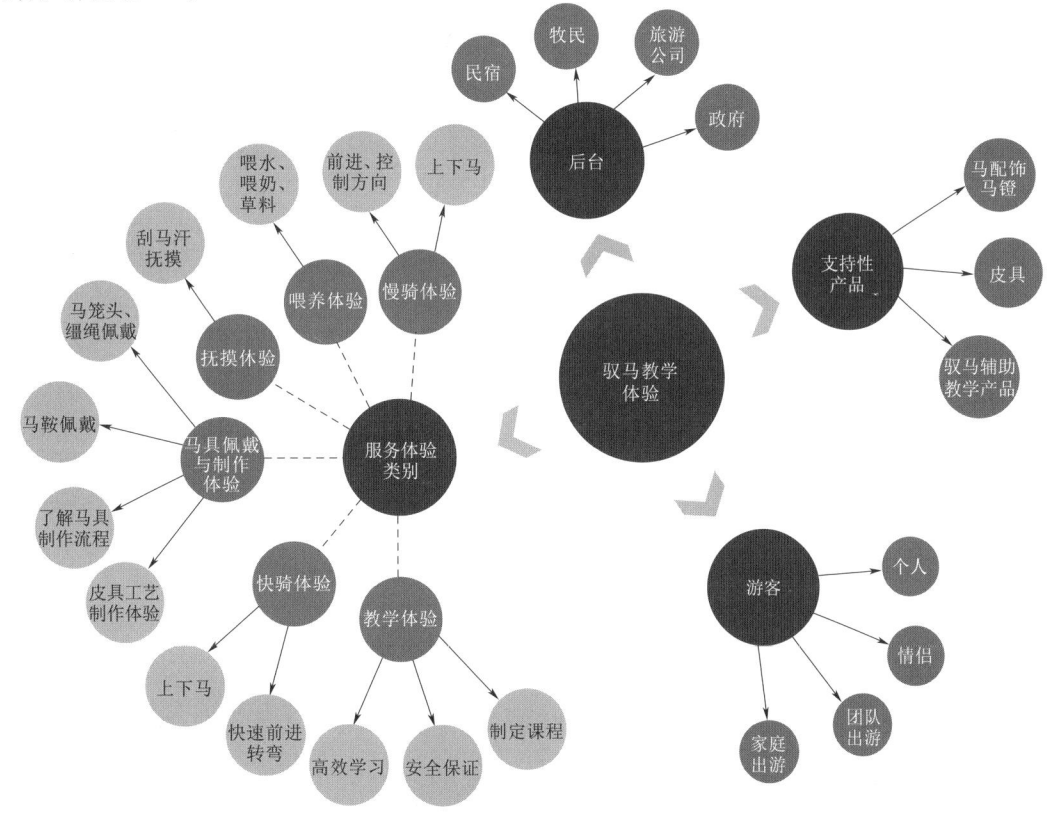

图 5.11 驭马教学体验服务系统图

表 5.5　　　　　　　　　　　　　　　　　　驭　马　体　验

体验类型	详细内容	体验类型	详细内容
慢骑体验	游客坐于马上，牧民牵马往前，上、下马，前进，控制方向	马具佩戴体验	笼头、缰绳佩戴，马鞍佩戴，系肚带
喂养体验	喂成年牛羊马水，喂小牛小马奶	快骑体验	上、下马，控制方向，快速前进
抚摸体验	给马梳毛、清理，刮马汗	教学体验	高效学习，安全保证，制定课程
文化体验	了解马具制作流程，制作蒙古族皮具工艺体验		

驭马工具中的马配饰和辅助上下马时使用的马镫，是将现代工艺与传统游牧文化元素相结合，游客在驭马教学体验时使用全新设计的驭马工具，既能感受到现代气息与传统文化相结合的魅力，也能感受到牧区民宿旅游下马文化服务体验的体贴与细致，使牧区民宿旅游下的马文化深度游更完整。马配饰的服务体验包括了解马具制作流程体验、皮具制作体验、马具的佩戴体验等。详见表 5.6。

表 5.6　　　　　　　　　　　　　　　　　马　配　饰　制　作　体　验

体验流程	详细内容
了解马具制作流程	参观现有马具对其文化认知
皮具制作流程	主要是马配饰的制作，了解蒙古族马文化，和牧民师傅学习制作马配饰，了解传统纹样，加深对蒙古族马文化了解
马具佩戴	制作完简单马具后，将其佩戴在马身上，与马匹熟识，遛马

驭马教学体验的辅助工具有驭马辅助设备、马配饰、马镫、马镫、马鞭、肚带、马嚼子等。驭马教学辅助设备在教学体验中要加入马文化元素，使学员不止在学习骑行的技巧和骑行的乐趣，同时要使学员了解马文化的发展，将马文化融入教学中，使枯燥的教学内容充满趣味性和轻松性，同时展现了内蒙古优秀的马文化内容。驭马教学体验的流程见表 5.7。

表 5.7　　　　　　　　　　　　　　　　　驭　马　教　学　体　验　流　程

初级驭马教学体验	高级驭马教学体验	初级驭马教学体验	高级驭马教学体验
①喂马 ②认识马匹 ③备马	①喂马 ②认识马匹 ③备马	④上、下马教学 ⑤原地遛马	④上、下马教学 ⑤原地遛马 ⑥陪同骑行 ⑦独立骑行

驭马辅助教学设备以几何结构为主体，加入人机工程学原理，色彩以健身房健身器材为借鉴点，阶段化消除游客对于骑马的恐惧心理，给予游客舒适感、力量感与足够的安全感，以此来保证教学课程的高效进行（图 5.12）。

图 5.12　驭马辅助教学设备和马配饰

马镫可以更好地辅助不同人群上下马,让游客更方便地体验驭马过程。马笼头采用双针走线的缝制方法,结实耐用,断线可修复。那些采用天然无毒害加工方式的皮料、皮具的柔软与亲和力可以让游客更放松,增加体验的舒适感。马笼头的设计既具有传统特征,也更适合现代人的审美与生活习惯,增加游客的新鲜感与满足感(图 5.13)。

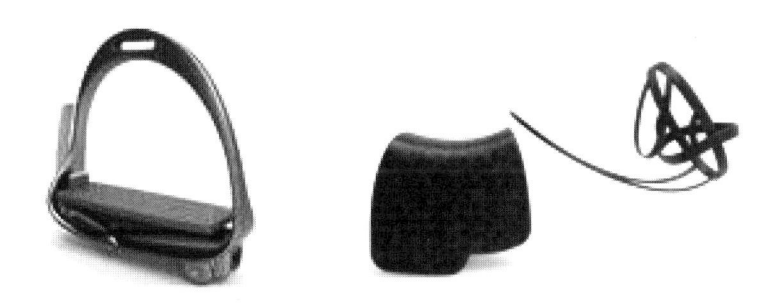

图 5.13 马镫和马笼头

2. 驭马放牧体验

在游客达到独立骑马快跑的程度后,游客可以自主选择体验草原骑马放牧。草原放牧体验是贴近本土牧民生活的一种体验方式,通过茫茫的羊群、驰骋的马儿与放牧区的美景来吸引游客体验放牧文化。驭马放牧体验服务系统见图 5.14。休息区的体验包括骑马赶羊体验、观赏体验、与马互动体验、剪纸体验和岩画体验等,具体如下:

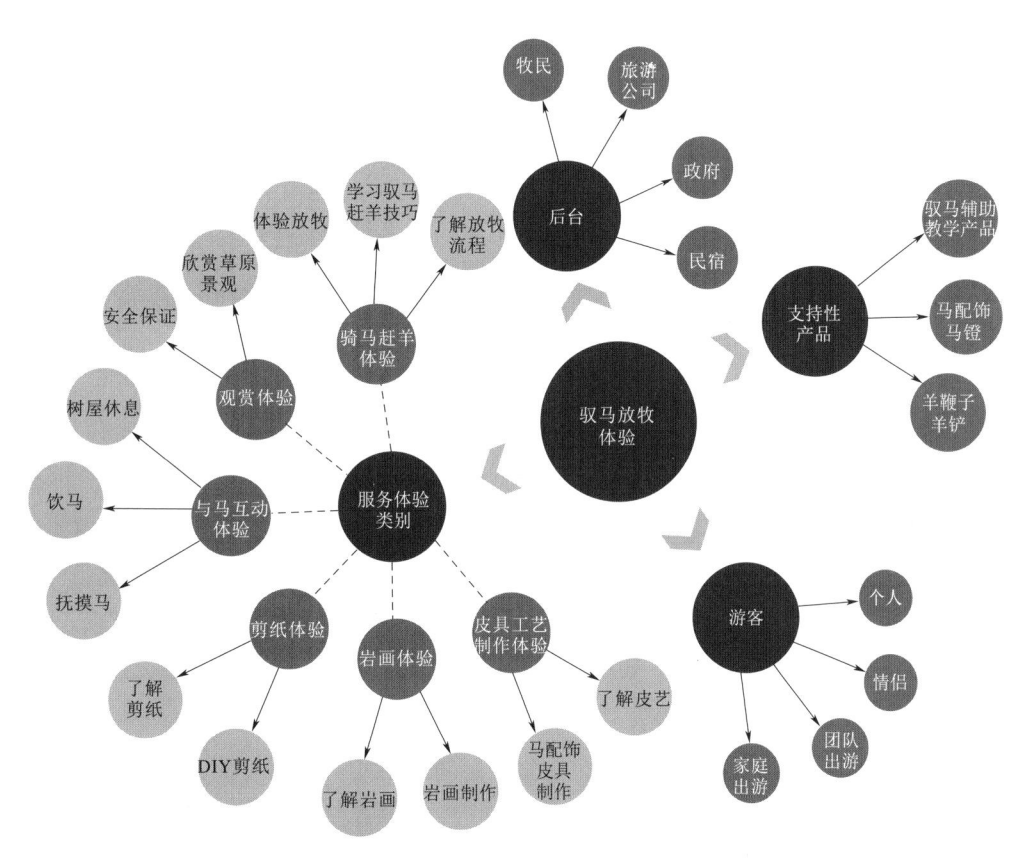

图 5.14 驭马放牧体验服务系统图

(1)骑马赶羊体验。游客和牧民一起骑马从家中赶出羊群前往放牧区,在此期间,可以学习驭马赶羊等技巧,体验人对羊群和马儿的呵护。

(2) 观赏体验。在放牧过程中可以领略草原的辽阔，山丘与沟壑的连绵起伏，还有沟壑中的小溪，换一种清新自然的环境，体验不同于城市里的悠闲氛围；在放牧过程中跟马儿、羊群的接触与交流，感受人与动物、与自然融为一体的意境。

(3) 与马互动体验。在牧区的放牧过程中，考虑到游客的休息需求，特别打造了特色休息体验。游客在休息区小憩时，同时也是羊群、骏马的"午茶时间"，游客在和马互动中能够跟马产生"哺乳行为"，通过游客控制水的开关来给马"哺乳"，让游客在休息之余与马增加互动。

(4) 剪纸、岩画体验。游客在休息区休息的时候，屋里设有与马文化有关的展示区，包括马图腾装饰、马具展示、马岩画展示、马的青铜器艺术品等。剪纸体验区备有剪刀等剪纸工具，游客可以学习剪纸工艺，制作简单的DIY剪纸，当做旅游纪念品带走。岩画体验区里备有硬度不高的石头，可供小孩大人一起制作岩画图案，既可增加亲子之间的互动，也可以感受传统文化的魅力。

3. 基础射艺体验

牧区民宿下的驭马射艺服务体验由立姿射艺基础教学服务体验和驭马射艺服务体验共同组成。其中，立姿射艺基础教学服务体验是整个服务体验的第一阶段，目的是使游客掌握基本的射艺技巧，游客完成该阶段学习后才能进行第二阶段的驭马射艺体验。这个阶段的体验内容主要包含立姿固定靶射艺体验、立姿移动靶射艺体验和弓箭袋制作体验等。

射艺文化与马文化是紧密相连的，以射箭为代表的游乐形式是丰富游客体验的重要组成部分。射艺体验一方面是对弓箭射击这一行为的体验，另一方面是对射艺文化的体验。射艺文化是马背文化中重要的组成部分，一个完整射箭流程是由上弦、搭建、扣弦、预拉、开弓、瞄准、撤放共七步组成。基础射艺体验包括娱乐消遣体验、文化教育体验、审美猎奇体验、旅游纪念品制作体验、弓箭携带装置穿戴体验等（图5.15）。

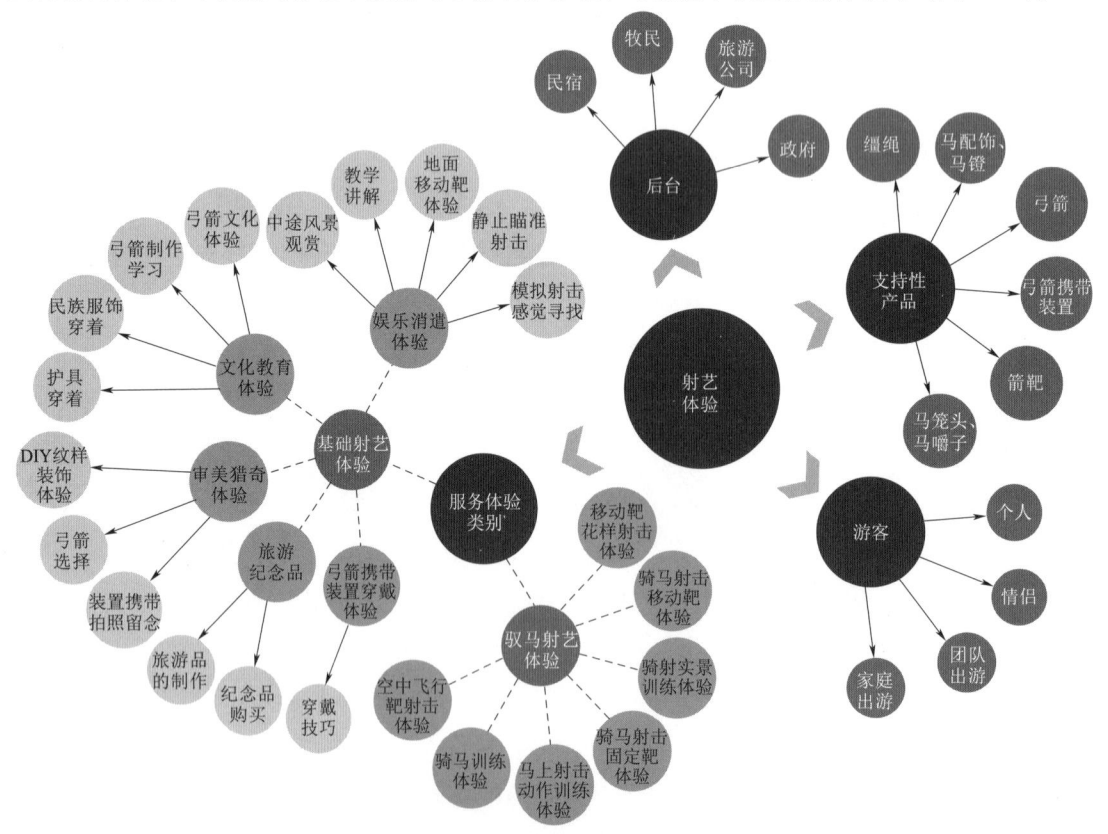

图 5.15 基础射艺体验服务系统图

4. 驭马射箭体验

蒙古族自古以来就被称为"马背上的民族",他们世世代代生活在草原上,以游牧生活为主,马是主要交通工具。"赛马、射箭、摔跤"是作为蒙古族"男儿三艺",自古就是蒙古族传统节日——那达慕大会上必不可少的内容,所以马背骑射体验也是展现内蒙古深厚马文化和射艺文化的重要载体。主要体验包括骑马瞄准骑射体验、骑马训练体验、马上射击动作训练体验、骑射实景训练、移动靶花样射击体验(使用)、地面移动靶射击体验、空中飞行靶射击体验。要进行骑射体验的游客,牧民必须提前对游客骑射能力有一定的了解,见表 5.8。

表 5.8　　　　　　　　　　　　　　　　游　客　分　类

会骑射	不会骑马,会射箭	会骑马,不会射箭	不会骑射
游客可以直接体验马背射箭	先进行驭马辅助教学,会单人骑马后,先进行马背固定靶射击,待熟练度提高以后,再进行移动靶击体验	先进行站姿射箭教学,有一定射箭基础之后,尝试骑马固定靶射击,待熟练度提高以后,逐步进行马背移动靶射击体验	两者都不会的游客,需先进行驭马和射箭的基础学习,学习完成并且熟练度较高的情况下,在教练辅助下进行马背射击体验

驭马射箭体验类别见表 5.9,体验中经常使用的装置有以下三种:

表 5.9　　　　　　　　　　　　　　　驭 马 射 箭 体 验 类 别

体验类别	详细内容	体验类别	详细内容
骑马训练体验	在射击之前进行骑马训练,适应马匹的运动状态	地面移动靶射击体验	在马上对固定于地面的移动靶进行射击
马上射击动作训练体验	固定马的位置,在马背上进行试射	移动靶花样射击体验	熟练度提高以后,可以做到靶随人动,进行花式射箭
骑马固定靶体验	游客在马背上进行固定靶瞄准体验	空中飞行靶射击体验	熟练度提高以后,可以进行空中飞行靶射击
骑射实景训练	牧民牵着马,游客在慢骑、快骑过程中试射箭靶		

(1) 弓箭携带装置,主要包括背带、弓包和箭壶。背带可以解放双手,将弓和箭壶固定,在取拿弓箭的过程中符合人体施力角度,弓包的设计便于弓的取放,从背带上取下的箭壶可以立于地面,使箭处于直立状态,便于射击时取箭。弓箭携带装置的设计渗透弓箭文化和蒙古族文化,同时符合当代人审美,将弓箭在中国古代塑造的英雄精神以造型表现出来(图 5.16)。

(2) 弓箭携带包,又称"娱乐-休闲两用(手提)背包"(图 5.17)。外形借鉴古代盾牌形象,根据人体工学,将弓箭袋做成左右穿插的造型,方便使用者拿放弓箭,减少拿放弓箭时对肩部和腕部造成的损伤。双肩背带解放了双手,便于穿脱,在配色和材料的质感选择上,融合传统的射箭文化、蒙古族文化与现代材料技术,更符合现代人对美的认识。包内有两个功能区:一个为弓袋箭袋放置层,且弓袋箭袋均可取出;另一个为储物层,方便游客收纳小件或私人物品。

图 5.16　弓箭携带装置

(3) 移动太阳靶将蒙古族传统射艺文化、神话故事融入产品,使产品使用变为文化体验。其结构由轨道外

壳、轨道支架、传动靶子运作的内部机械、代表太阳的七个圆形靶四部分构成。圆形靶表面采用蒙古族云纹的纹样，不同颜色表示七个太阳拟人化后不同的性格体现，内部通过齿轮运动原理，达到靶子在轨道上的转动的目的。产品整体以金属材质、钢架结构与表面磨砂处理设计，突显出产品的结实感与稳定性［图5.18（a）］。

在移动靶设计中，移动车体和轨道外观与草原整体环境相融合，旋转靶靶面形状多样，丰富了射击场景，增加了射击的乐趣，且移动靶在设计好的轨道上可以进行有规律的移动，最大化地提高游客射箭体验［图5.18（b）］。

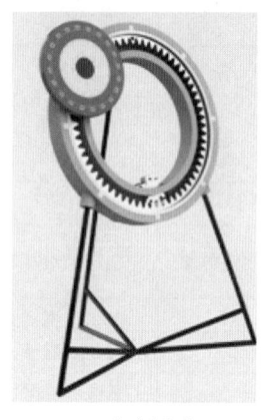

图5.17 弓箭携带包

（a）移动太阳靶 　　　（b）移动靶

图5.18 移动太阳靶和移动靶

5. 与马相关的其他文化体验

蒙古民族自古以游牧狩猎为生，在长年的生产生活中积累了丰富的饲养和驯化经验，在生产劳动、行军作战、社会生活、祭祀习俗和文学艺术中，几乎都伴随着马的踪影。由此，就自然而然地在民族生活中形成了多姿多彩的马文化。游牧生活所需的蒙古袍、蒙古靴子等民族服装，马鞍和套马杆等马具就是典型的马背文化组成部分；马头琴作为民族文化中的一部分，它的发展与民族文化和精神是息息相关的。蒙古族马文化是蒙古民族在生活实践中创造的有别于其他民族的独特文化，马文化始终贯穿在蒙古族人民的生活中（图5.19）。

(1) 皮艺制作。皮雕工艺是在传统手工制皮工艺的基础上发展和演变而来的，是一种纯手工技艺，主要利用雕刻、压印等工艺手法，辅以缝整、染色等其他皮具制作技术，把雕刻出浮雕效果的精美图案印于皮雕上，制作产生具有多种装饰效果的工艺美术形式。

体验蒙古族传统皮雕工艺，可以了解皮具的制作流程、皮具的制作体验、皮具的穿戴体验等。

(2) 马奶酒制作体验。马奶酒性温，有驱寒、舒筋、活血、健胃等功效。被称为"元玉浆"，是"蒙古八珍"之一。当游客踏上草原，走进蒙古包后，热情好客的蒙古人便会将美酒斟在银碗或金杯中，托在长长的哈达上，唱起动人的敬酒歌，款待远方的贵客，以表达自己的诚挚之情。所以马奶酒也是蒙古族传统文化工艺之一。

游客可以参观马奶酒的制作流程，也可以自己动手参与制作马奶酒，制成的马奶酒还可以选择带回家做纪念。

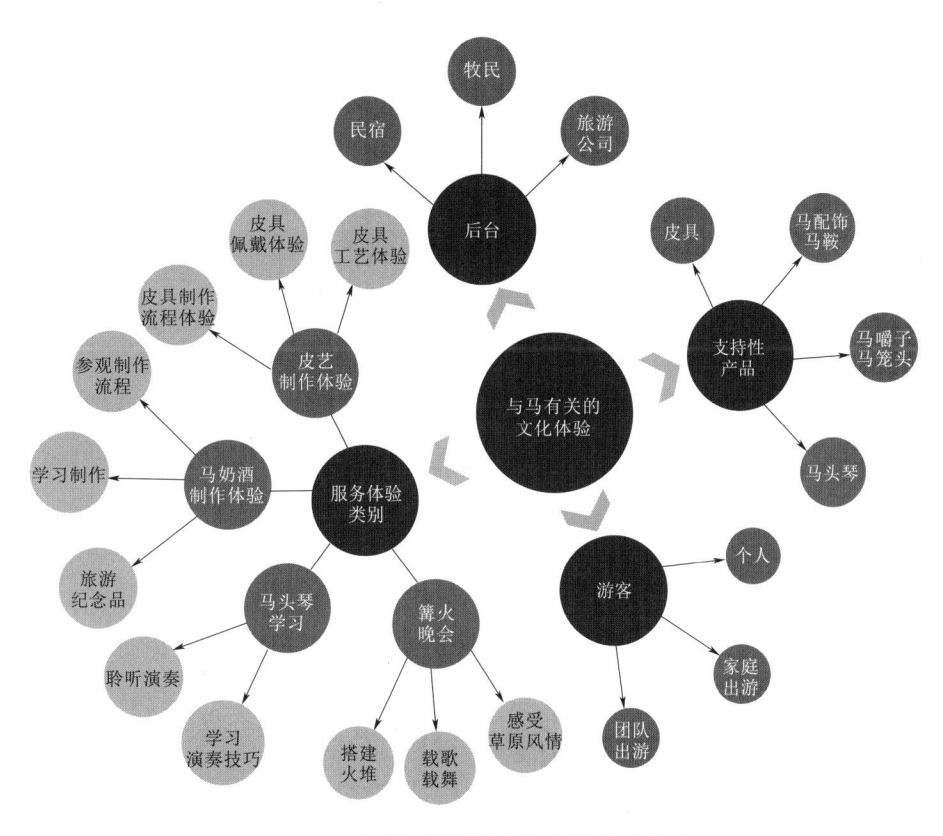

图 5.19　与马相关的其他文化体验服务系统图

(3) 马头琴学习体验。马头琴是一种两弦的弦乐器，有梯形的琴身和雕刻成马头形状的琴柄，为蒙古族人民喜爱的乐器。马头琴是蒙古民族的代表性乐器，不但在中国和世界乐器家族中占有一席之地，也是民间艺人和牧民们喜欢的乐器。马头琴所演奏的乐曲具有深沉粗犷、激昂的特点，体现了蒙古民族的生产、生活和草原风格。

在草原上游客可以聆听马头琴演奏表演，也可以选择向牧民学习体验马头琴演奏技巧。

(4) 篝火表演观赏体验。篝火晚会是草原人民一种传统的欢庆形式，马背民族在草原上举行篝火晚会，除了欢庆之外还有其特殊的意义：一是草原空旷、蚊虫较多，燃起篝火不仅可以取暖，也能用烟火驱散蚊虫；二是草原一望无际，很难辨别方向，点燃篝火既可照明，也可为夜色中行走的人指明方向；三是草原草木多、野兽也很多，点燃篝火可以驱吓野兽，保护人、畜安全；四是草原人民多过游牧生活，居无定所，篝火晚会随时举行，符合生活习俗。随着人们生活水平的日益提高，篝火晚会已经成为人们文化生活中不可或缺的一部分。它表达的不仅仅是欢庆的喜悦心情，更多的是草原人民对远方尊贵客人表示热情欢迎的一种形式，让游客体验到独特的草原风情。

6. 其他牧区民宿配套服务体验和产品

(1) 居住体验服务设计。民宿旅游中的居住服务包含五项，分别是看日出及叫醒服务、夜晚看星空服务、体验搭建蒙古包服务、主题式蒙古包自选服务和蒙古包自主搬迁服务。

(2) 个人卫生与洗浴服务系统解决设计。民宿旅游中的牧区个人卫生与洗浴服务主要解决草原洗浴以及无水打包厕所、垃圾分类处理以及生活中的取水用水。其使用价值：一是对于整个牧区来讲是一个基础设施；二是满足牧民与游客的个人卫生——洗澡、盥洗以及洗浴解决方式。

卫浴车为游客提供洗浴及上厕所的空间，满足游客的基本卫生需求。淋浴区与卫生间采用单反玻璃设计，在增加产品整体视觉通透的基础上，增加触觉通透，旨在为客户打造自然生态的体验环境，增加与周围环境的联系[图 5.20（a）]。

星空蒙古包是市面上唯一一款拥有观星体验的蒙古包表面，整体采用几何化平整技术，全球首款玻璃幕墙，改善了传统蒙古包内部潮湿、通风透光差的缺点，为游客提供餐饮住宿、娱乐休闲等服务，还可以定制不同文化主题的室内风格，为游客提供优质的文化旅游服务[图 5.20（b）]。

（a）移动卫浴车　　　　　　　　（b）星空蒙古包

图 5.20　移动卫浴车和星空蒙古包

5.7　商业模式

5.7.1　运营模式

5.7.1.1　客户细分

1. 城市客户

有意向与公司合作的当地城市经营主体，如咖啡店和书店等。

2. 乡村客户

（1）当地村民（牧民）：①当地主要以游牧为生，没有办过马场的当地村民（牧民）；②已经在经营着马场，对于马术有所了解的村民（牧民）。

（2）当地马场。在城市马术体验中，首选一家当地马场与其合作，马场提供马匹及所需雇用人员，以此来减少前期项目启动所面对的困难。

（3）政府。政府是最重要的合作伙伴，在项目成熟阶段，公司已经有了一定的品牌影响力。在城市，该项目的运营可以缓解城市的就业压力，同时政府也将为该项目提供一系列政策便利；在牧区，该项目的运营可以为当地老百姓提供就业机会，积极响应政府的精准扶贫政策，为政府增加财政税收，在不破坏当地环境的情况下，开发当地的旅游资源，促进牧区马旅游产业的发展，提高牧民的生活水平。

5.7.1.2　价值主张

（1）在乡村打造以集旅游度假、休闲娱乐、体育健身、文化体验于一体的以马文化为核心和卖点的服务系统，并在马文化的基础之上，不断挖掘更多更新奇更深入的马娱乐教育体验，让游客在游玩期间不仅有愉悦的感官刺激，且能更深层次地感受到马的独特魅力。

（2）竭力优化产品，为游客提供更为安全、舒适、便捷的高品质牧区旅游新体验。

（3）完善的售卖租赁流程，一站式的安装、培训以及后期维修服务，为客户省去产品购买的后顾之忧。

5.7.1.3　公司战略

（1）起步阶段：初期商业模式见图 5.21。

项目初期，公司有意向发展 CBD 马术、室内马术和乡村马术的合作商谈并且签订合作协议，向上述三类企业提供多样化产品及配套服务系统、马术课程培训、马场空间设计等一体化解决方案。

（2）成熟阶段：成熟期商业模式见图5.22。

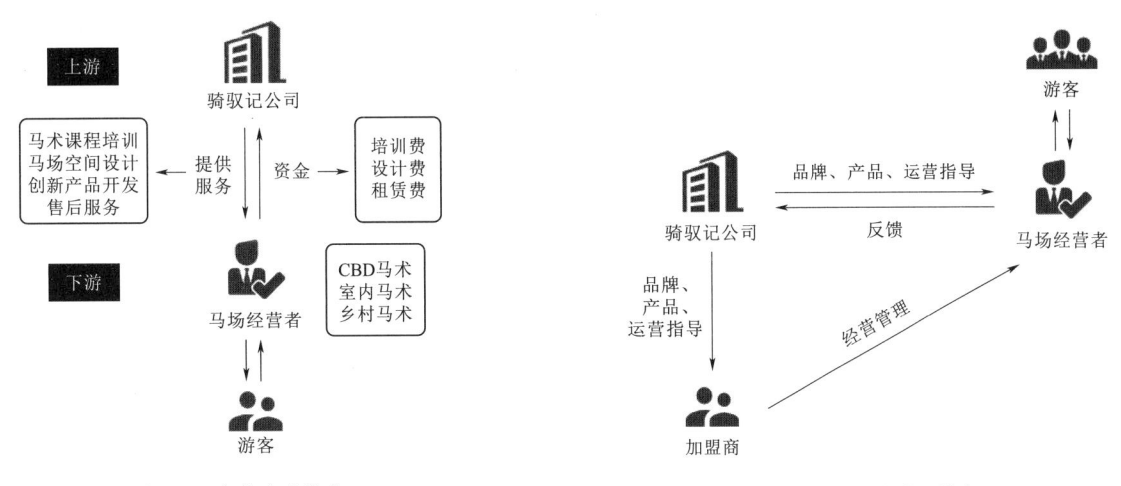

图 5.21 初期商业模式

图 5.22 成熟期商业模式

后期运营稳定后向品牌加盟模式过渡，输出"骑驭记"品牌，以特许经营模式向企业和加盟商提供品牌推广、设备支持和运营指导。

5.7.2 盈利模式

5.7.2.1 公司主要盈利点

起步阶段：首批体验点的产品租赁、销售和服务收入（当前主要为投资阶段，收益薄弱）。

发展阶段：牧区民宿旅游产品的销售、租赁收入以及后期产品的更新、维修、培训收费；城市经营主体的抽成费用、加盟费用。

成熟阶段：内蒙古城市景区旅游产品的销售、租赁收入以及后期产品的更新、维修、培训收费；城市经营主体的抽成费用、加盟费用。

5.7.2.2 关键业务

1. 马文化体验服务的设计与推广

公司有专业的研发团队，根据游客的需求和社会发展的需要，适时推出满足游客需求的旅游产品，并定制一系列的旅游服务，并将它们推广出去。

2. 牧区射艺体验、放牧体验的服务与培训

公司起步阶段，在售卖产品的同时，需要对牧民及旅游公司提供产品的使用方法以及售后维修服务，以及后期成熟发展阶段为城市景区提供的各项产品服务。

5.7.3 投资规划

1. 政府

政府是公司最重要的合作伙伴，公司可以为当地牧民提供就业机会，积极响应政府的精准扶贫政策，公司可以为政府创造财政税收，在不破坏当地环境的情况下，开发当地的旅游资源，促进牧区马旅游产业的发展，提高牧民的生活水平。

2. 当地牧民及牧区现有的资源

公司可以为牧民提供相关的服务指导，帮助牧民建立或改造当前的旅游服务体验，并为牧民提供相关创新优质服务方面的培训与交流机会，使牧民成为利益的受益者。

3. 内蒙古城市景区运营公司

城市景区运营公司是公司将产品从牧区转向城市销售的重要依托，公司可以给景区旅游的游客们提供较为深度的马文化服务体验。同时，城市景区运营公司的旅游销售额也会得到大幅提升。

4. 城市经营主体

城市经营主体如咖啡店、书店等。

5.7.4 成本结构

该项目成本主要包含产品前期研发投入、渠道产品投入、宣传推广经费、运营维护费用、职工薪酬等。

5.7.5 核心资源

该项目核心资源主要包含便利的市区生活圈、牧区自然环境、独特的马文化资源、创新的服务体验项目和产品、政策的支持等。

5.7.6 市场保护

创新与产品研发是公司发展的动力和源泉，创新性的马文化旅游服务体验设计是本公司行业竞争的关键与核心。本项目的各项创新设计均是由公司成员创新智慧的结晶，因此在公司成立和发展的全过程都要加强对公司知识产权的保护，及时申请专利，通过合法途径保护自主知识产权和研发成果，防止企业专利技术和核心技术的外泄，充分保证正版产权，严厉打击剽窃产品和技术的非法行为。

5.8 营销策略

5.8.1 营销宗旨

以"马术教学、户外拓展、体验民族风情"为特点，真正做到为顾客着想、突出体现现代马术与地域民族风情融合的特色，正确确定目标市场的需求。在营销过程中，主要应用了知识营销理念、绿色营销理念、网络营销理念、个性化营销理念、连锁营销理念来宣传马文化旅游综合体所提供的系统服务。经营理念趋向于隐逸，追求人与自然的和谐相处。摆脱"品位低端、产品单一、互动缺乏"的马文化旅游，开发和经营兼具高端品质、互动性强、消费力强的马文化旅游综合体。"精准玩乐"作为一类新兴的旅游产品类型必将承担起这一任务，发挥典型示范作用，全力引进品牌化、专业化连锁经营。

5.8.2 产品策略

5.8.2.1 产品概念

公司现有运用于城市商圈的产品主要有标准化养马空间设计、马术教学系统、骑马机；运用于城市周边

(乡村/牧区)的产品主要有驭马基础教学系统、多款便携式弓箭包、移动太阳靶、多种马配饰产品、定制马蹬、马主题树屋、马配饰皮艺制作工具、马主题岩画制作工具和马主题剪纸制作工具等共 9 类 22 款核心创新产品。此外还有星光蒙古包、移动洗浴车等创新的民宿配套产品。同时公司根据牧民和游客的特点研发了驭马和射艺方面的全套教学教案,并设计了完善的教学过程和教学手段。

5.8.2.2　产品组合

1. 城市定制套餐

马术运动一直以来作为一种小众运动,大众参与度不高。公司通过引入健身房的方式降低马术运动的门槛,将马术课程分级娱乐化设计,覆盖普通人和专业人群。使马术健身进入健身业态的细分领域,成为大众可以便捷选择的健身方式之一。针对城市提供创新业态室内马术服务,主要是马术健身。马术健身套餐主要是为城市年轻群体或者马术爱好者提供马术瑜伽课程、辅助骑马健身训练、休闲骑行,帮助其减脂塑形,或者达到骑马的最佳状态,增加对马术的兴趣,见表 5.10。

表 5.10　　　　　　　　　　　　　马 术 健 身 套 餐

项目	主要内容		具 体 内 容
马术健身	辅助骑马体能训练	一阶段	下蹲、弓步训练、马步侧蹲训练和直膝提拉训练等
		二阶段	交叉弓步训练和俄罗斯转体训练、侧向支撑训练和侧向屈体训练等
	马术瑜伽	入门阶段	马术脱敏、马术瑜伽、上马实操等
		进阶阶段	马上瑜伽进阶实操、马匹护理等
	休闲骑行		马术投壶娱乐游戏
	马术教育		马术入门课、马术骑乘实操

2. 乡村(牧区)定制套餐

(1) 家庭标准套餐。

1) 市区:家庭出游(成人+儿童),为儿童提供第一阶段的马术培训——休闲骑乘,其中包括上下马匹时的注意事项、马上坐姿、马匹简单控制、轻快步、压浪快步、马匹步伐转换、骑手姿态转换。为成人提供骑马机锻炼。

2) 牧区:为游客一家(2 位成人+1 名儿童)提供初级驭马教程,其内容包括喂马、马的相关知识、马护理、驭马相关知识和练习,可保证游客完成教程后独自骑马慢走。草原游牧体验(观光车),使游客感受草原人放牧时的悠然自得。放牧跟随期间,公司提供树屋休息点,让旅客感受到草原深处自然与人和谐交融的片刻宁静。蒙古族传统工艺体验,深度马文化相关皮具制作、传统的蒙古族纹样了解,提供马奶酒制作与参观,感受马奶酒中所包含的来自草原深处火辣的热情,聆听马头琴悠扬的琴声,感受来自大草原的独特"语言"。

(2) 家庭豪华套餐。

1) 市区:相较于家庭标准套餐,公司会为儿童提供第二阶段的基础英式马场马术教学,如简单路线控制及路线组合、简单跑步及步伐转换。为成人匹配专业的马术健身教学。

2) 牧区:相较于家庭标准套餐,公司致力于让每个选择此套餐的家庭(2 名成人+1 名儿童)体验到独自真正飞奔在草原,感受草原气息掠过肌肤的感觉。篝火晚会的增加让人深度沉浸于草原如火的热情之中。选择此套餐的家庭可以深度了解到草原马文化的独特魅力。

5.8.2.3　新产品开发

公司现有标准化养马空间设计、马术教学系统、骑马机、便携式箭包、驭马基础教学系统、移动太阳靶、定制马镫等核心创新产品。此外还有星光蒙古包、移动洗浴车等创新的民宿配套产品。公司有自己专业的技术团队，结合当下互联网＋大数据的精准分析，有充分的条件改造、升级和创造更多的新产品。

5.8.3 价格策略

5.8.3.1 价格策略的主要依据

公司的运营分为两个阶段，初期阶段是根据现有市场的价格现状按现有价格进行套餐定价，为商家和牧民提供面向顾客的套餐价格、服务培训和驭马教具等产品。此时公司是经营方，同时承担全部或大部分的成本。

在中后期阶段，公司将改变经营范围，进入加盟连锁阶段，此时盈利点变为产品销售与服务体验的更新。所以针对这两个阶段，公司提出不同的营销策略。

5.8.3.2 公司运营初期阶段

1. 撇脂定价策略

撇脂定价策略是一种高价格策略，是指新产品上市初期，价格定得高，以便在较短时间内获得最大利润。它是用高于一般市场价格出售商品的策略。首先，我们经营的产品都是竞争对手所没有的，我们的马文化产品都是自己的技术团队独立研发改进升级的，有自己独特的设计理念与风格，形成了独具特色的旅游马文化体验系统。其次我们经营的是品牌、创新产品，可以设置高级的服务设施，提高服务质量，同时提高价格。但这对消费者来讲，购买这种高价格的产品，才符合他们的身份，除了得到高质量的服务外，还可以得到心理的满足。例如，发展VIP客户，打造高端产品与服务等。

2. 心理定价策略

心理定价策略是运用心理学的原理，依据不同类型的消费者在购买商品时的不同心理和不同需求来制定价格，以诱导消费者增加购买，扩大企业销量。营销策略包括以下几种：①对于有信仰或图吉利的消费者来讲，定价应有个吉数，如，一套学习骑马教程800元，不如定价为888元。②分级定价。如公司运营初期阶段为牧民提供三类套餐，分别为草原观光、中级驭马体验和豪华驭马体验。对于这三类套餐，公司会根据套餐内容分级定价，让顾客感到货真价实，物超所值。

3. 折价策略

折价策略是为了吸引顾客购买商品而采取一种策略。在项目运营初期，由于市场还未打开，公司要提供给牧民一些套餐活动，具体有：①季节折扣。在旅游淡季可以推出折扣策略，吸引更多的游客。②内部折扣。可以给内部人员发放优惠券或者直接打折的方式给予优惠，通过内部人员的人际关系也可以达到宣传品牌的效果。③团体购买折扣。对不同的目标市场、不同顾客群，采用不同的价格以获取更多的销售量，如团体消费比单独消费更实惠等。

5.8.3.3 公司运营中后期阶段

1. 折价策略

由于我公司后期主要是为牧民提供产品，当牧民采购产品达到一定数量的时候，公司会给出比平时价低的价格来巩固与牧民的用户关系。

2. 团购策略

当我们熟知的用户带来新的客户时，并且在订单上满足一定条件，公司会给予一定的团购优惠。这样既抓住老客户还可以不断发展新客户，并且稳定订单量，能够实现公司长期且稳定的发展。

5.8.4 渠道策略

选择o2o立体营销。o2o是基于线上（online）、线下（offline）全媒体深度整合营销，以提升品牌价值转化为导向，运用信息系统移动化，帮助品牌企业打造全方位渠道的立体营销网络，并根据市场大数据分析制定出一整套完善的多维度立体互动营销模式，从而实现大型品牌企业全面以营销效果为导向的立体营销网络。以全方位视角，针对受众需求进行多层次分类，选择性地运用报纸、杂志、广播、电视、音像、电影、出版、网络、移动在内的各类传播渠道，以文字、图片、声音、视频、触碰等多元化的形式进行深度互动融合，涵盖视、听、光、形象、触觉等人们接受资讯的全部感官，对受众进行全视角、立体式的营销覆盖，帮助企业打造多渠道、多层次、多元化、多维度、全方位的立体营销网络。

1. 选择分销策略

在公司成立初期，我们可以在特定的市场选择一部分旅行社来推销本企业的活动套餐。采用这种策略，生产企业不必花太多的精力联系为数众多的中间商，而且便于与中间商建立良好的合作关系，还可以使生产企业获得适当的市场覆盖面。采用这种策略具有较强的控制力，成本也较低。

2. 关系营销

公司应当与顾客建立长期、稳定且密切的关系，降低顾客流失率，建立顾客数据库，开展数据库营销，从而降低营销费用。现在的市场经济中，商业合作伙伴之间强调合作、双赢；而在厂商与顾客之间，也是如此。留住一个老顾客的成本只是开发一个新客户的五分之一；而且一个满意的老顾客往往会带来更多的新顾客，口碑广告是最有效的广告之一；此外，由于现代信息管理技术的进步，为厂商与顾客建立长期、稳定且密切的关系创造了技术条件，使厂商能够更快、更准地找到老客户。渠道的目的就是为了厂商与客户建立联系，从而实现商品的流通。

3. 网络渠道营销

（1）微信营销。微信不存在距离的限制，用户注册微信后，可与周围同样注册的"朋友"形成一种联系。通过提供用户需要的信息，推广自己的产品和旅行套餐，从而实现点对点的营销。

（2）视频营销。由企业的市场策划人员或短视频制作公司来负责剪辑旅游项目和活动环境的精美短视频，发布到"抖音""快手"等短视频平台，优质内容能提升用户对产品偏好度、品牌体验度、品牌价值认同、消费信心，最终将帮助消费者通过好内容感知到好的物品、产品和美好的生活方式，提升精神层面的愉悦感。从而打响项目知名度，加深大众对马文化了解程度。

5.9 推广策略

5.9.1 推出产品形象广告

首先与政府进行接洽与沟通，获得政府的支持，促使项目能够更好地落地。该项目是在"大众创业，万众创新"的时代潮流中结合内蒙古马文化旅游和"互联网＋"而提出的具有鲜明地域特色的文化旅游创新项目，积极响应国家产业政策，也符合"中国梦"背景下的"文化强国"战略，项目的实施落地必将为内蒙古旅游文化产业的发展与推广产生巨大的驱动力。

5.9.2 扩大民宿的网络宣传力度

把握时机进行公关活动，积极利用新闻媒介、新闻事件提高企业产品知名度。可以通过在知名网络社区的旅游版面，发布马文化体验的宣传信息，或撰写图文并茂的体验区旅游攻略与游记，并在文中适当介绍马文化体验项目的亮点。牧民可以利用图片、文字和视频，对马文化体验中不同类型项目情况如实报价，在保证隐私和本人同意情况下提供其他游客体验——自己制作的马文化相关的工艺品、学习环境等进行展示，使得潜在客户可以自行获取大部分所需信息。

5.9.3 社会公关活动

如承办地区的那达慕大会，以及赞助地区祭祀敖包的公关活动，除此以外还可以进行社会赞助、组织庆典活动等，以此来打造品牌知名度，塑造企业形象。

5.9.4 互联网推广

(1) 通过网盟平台推广。通过网盟平台，需要推广的内容将会进入互联网各大网站进行展示。展示方式多样，如弹窗广告、横幅、动画FLASH、视频等。

(2) 通过社区平台推广。现今互联网的世界里，网友除了可以浏览网页以外，还可以在网站上成为发布者。论坛、微博、豆瓣等互动网络平台的开放使得互联网广告也有了新的天地。通过在社区平台上发布软文、段子等植入式广告进行口碑营销、病毒式传播等达到互联网推广的目的。

(3) 通过搜索引擎推广。人们在想了解某一事物时，会通过搜索引擎进行搜索。因此搜索引擎中的互联网推广价值也很高，通过竞价排名、推广等方式将想要推广的内容显示在搜索引擎的前位，也能达到推广目的。

5.10 财务分析

"骑驭记"马产业服务领域综合方案提供商是一支专业、资深的研发团队。团队成员一直在积极了解城市马体验服务业和牧区马旅游业的发展及相关政策，并且多方面收集资料，进行大量的分析统计，积累了丰富的城市马体验服务和牧区马旅游综合体验相关知识之后，成员们去市区和牧区尝试了多种不同类型的活动体验，用于深化对城市马体验服务和牧区马旅游的认识，在体验中成员们不仅拥有了马旅游相关产品改进与创新的灵感与素材，在人机交互与用户情感分析方面也有了极大的进展，之后在进行牧区马旅游项目的策划时，团队自行探索出了一套独属于城市马体验服务和内蒙古牧区民宿旅游下的马旅游综合体验的服务系统设计和相关产品。

下面以城市马术体验服务系统为例进行成本、收入与利润分析。公司第一年选择优质合作商共同打造第一家品牌体验店，并签订股权和利润分红协议，公司以产品入股，向该体验店无偿提供全套设备，占股30%，并有权获得第一年该店利润的20%。从CBD室内马术场馆标准1500平方米进行营业收入计算。初期发展阶段(项目第一年)，公司与投资方共同打造第一家城市马术体验店，预计共投入成本668万元，预测盈利822万元，公司利润为164.4万元。在项目运营第二年，预测盈利为1880万元左右。

5.10.1 体验店成本(第一年)

体验店成本分为公司成本和投资方成本两部分。公司成本主要是在产品研发和推广成本。而投资方成本则包含马场基础设施,马房、马匹以及推广运营费用,第一年投入成本共计668万元。公司成本见表5.11。

表5.11　　　　　　　　　　　　　　　　公　司　成　本

		类型	成本单价	数量	研发费	总成本
公司	产品成本费	儿童骑马机	2万元	6套	10万元	53万元
		自动喂养设备	5万元	1套	10万元	
		自动饮水设备	3万元	1套	10万元	
		节拍控马器	0.1万元	10套	2万元	
	宣传推广费		5万元			
	合计		58万元			
投资方		类型	单价	数量	费用	总成本
	固定资产	马匹	8万元	5匹	40万元	395万元
		装修	0.2万元	1500平方米	300万元	
		马场基础设施			45万元	
		马房	5万元	2个	10万元	
	其他成本	人工费	50万元			
		杂费	50万元			
		推广费	120万元			
	合计		615万元			
总计			668万元			

5.10.2 体验店收入预测(第一年)

体验店第一年主要收入来自于在少儿马术教学以及马术健身房运营。在少儿马术教学方面,分为单次体验和马术课程教学套餐服务(马术基础教学与高级马术VIP);马术健身房收入来源于普通用户以及办卡用户。单次马术体验一年收入预计120万元,马术基础教学的套餐收入预计600万元,高级马术VIP预计收入560万元,总收入1280万元,少儿马术教学运营收入预测见表5.12。马术健身房收入预计210万元,见表5.13。共计收入1490万元。

表5.12　　　　　　　　　　　　少儿马术教学运营收入预测

档次	项目类别		票价	人次	收入	总收入
单次马术体验	马术兴趣体验		300元/次	4000人	120万元	120万元
马术基础教学	马术脱敏		400元/周	1000人	40万元	600万元
	马术入门教学	儿童骑马机仿真模拟教学	1000元/周	2000人	200万元	
		马术骑乘实操				
	马术进阶教程	儿童骑马机仿真模拟教学	1500元/周	2000人	300万元	
		节拍控马教学练习				
		马术骑乘实操				
	马匹护理		300元/次	1000人	30万元	
	马房管理实操		200元/次	1500人	30万元	

续表

档次	项目类别		票价	人次	收入	总收入
高级马术VIP	马术脱敏	骑马机仿真模拟骑乘体验	5000元/年	400人	200万元	560万元
		AR虚拟场景体验				
	马术入门教学	骑马机仿真模拟教学	5000元/年	400人	200万元	
		AR虚拟场景体验				
		骑乘体验				
	马术进阶教程	儿童骑马机仿真模拟教学	8000元/年	200人	160万元	
		AR虚拟场景体验				
		节拍控马教学练习				
		马术骑乘实操				
总收入	1280万元					

表5.13　　　　　　　　　　　马术健身房运营收入预测

档次	项目类别	票价	人次	收入	总收入
普通用户	辅助骑马体能训练	300元/次	1000人	30万元	90万元
	马术瑜伽	300元/次	1000人	30万元	
	休闲骑行	300元/次	1000人	30万元	
VIP用户	辅助骑马体能训练	4000元/年	100人	40万元	120万元
	马术瑜伽	4000元/年	100人	40万元	
	休闲骑行	4000元/年	100人	40万元	
总收入	210万元				

5.10.3　体验店利润预测（第一年）

城市马术体验店第一年盈利收入主要来源于消费者参与的马术单次体验项目、马术体验套餐项目以及马术健身项目。但由于马术项目的前期所需资金较多，在马匹养护、马场设施建造方面投入较大，在项目初期营业额有所损益，但从第三季度开始有稳定客源之后开始扭亏转盈，体验店第一年所赚利润约为822万元，本公司利润为164.4万元。详细信息见表5.14。

表5.14　　　　　　　　　　　体验店第一年利润预测　　　　　　　　　　　单位：万元

项目	利润	项目	利润
成本	668	收入	1490
利润	822		

5.10.4　公司盈利能力预测（第二年）

公司发展第二年着力推广项目品牌（"骑驭记"）及产品，吸引加盟商加盟，完善供应链，主要以品牌的授权及加盟店的加盟业务为主，主要的盈利点是加盟费和产品与服务的销售，一套产品包含6个儿童骑马机，1个自动喂养设备，1个自动饮水设备及10个节拍控马器。下面以驭马教学服务系统为例对公司第二年的产品（服务）销售量、成本以及效益进行了预计和测算，见表5.15。

表 5.15　　　　　　　　　　　　　公司产品销售盈利表

项　目	第一季度	第二季度	第三季度	第四季度
一套成本	21 万元	21 万元	21 万元	21 万元
一套售价	42 万元	42 万元	40 万元	38 万元
销售量	10 套	20 套	30 套	40 套
成本	210 万元	420 万元	630 万元	840 万元
收入	420 万元	840 万元	1200 万元	1520 万元
利润	210 万元	420 万元	570 万元	680 万元

在以上关于一套驭马产品一年售卖盈利财务预算分析的基础上，让前期投入的客户能够看到切实可行的收益方案，并让客户在实际运营中获得较满意的收入，以初期的体验店为典范吸引其他投资方加入到马术教学服务中，再按照此模式和财务预算的方法，向内蒙古的其他旗县、盟市乃至全国发展，从而实现"骑驭记"公司业务的全面推广。

5.11　就业带动情况

5.11.1　针对返乡创业大学生

中共十九大报告中提出："青年兴则国家兴，青年强则国家强。"青年一代有理想、有本领、有担当，国家就有前途，民族就有希望。广大青年要坚定理想信念，志存高远，脚踏实地，勇做时代的弄潮儿，在实现中国梦的生动实践中放飞青春梦想，在为人民利益的不懈奋斗中书写人生华章！

目前，我国就业面临严峻的挑战，内蒙古乡村旅游服务与高校建立长期长效的大学生实习实训合作机制：一是可以帮助在校大学生在课余时间通过是实习锻炼自己的工作能力，一个拥有高学历又擅长运用自身特长的大学生，在就业市场中必然具有更强的竞争力。二是招收在校大学生进行实习，既可以减少当地居民旅游服务运营成本，又可以将大学生的创新思想带入乡村旅游中，促进当地旅游产业创新发展。三是政府引导大中型企业有计划吸纳高校毕业生，鼓励高校毕业生到基层就业和自主创业。

我们推出内蒙古乡村旅游不仅仅只是单纯的营销环节，从当地村落整体规划、特色产品的设计、材料选择、成本控制、行程规划、运营管理、旅游推广、服务营销各个环节都是全方位考虑的。更是将高校的智力、技术和项目资源辐射到广大农村地区，推动当地社会经济建设，助力清准扶贫和乡村振兴。

5.11.2　针对当地居民

由于当地牧民对于服务行业的专业知识欠缺，前期可以通过大规模开展职业技能培训，将服务的要求及其标准教授给牧民。开展牧区民宿下的马文化旅游项目提质升级，既解决当地年轻劳动力就业问题，又能增加当地村民经济收入，还能带动当地经济社会全面发展。

思考题

1. 在商业世界中如何平衡服务体验和商业创新？
2. 如何有效发挥服务设计在商业设计中的价值？
3. 服务和商业如何有效结合、相互促进？商业模式设计的方法和工具有哪些？
4. 结合实际案例进行商业创新设计。

第 6 章 社会服务创新设计实践

● 学习内容

社会服务及社会服务创新设计实践项目和环境设计中的社会服务创新设计实践。

● 学习目标

本章介绍了社会服务的概念、发展历程、体系建设等,以及开展社会服务创新实践项目的方法、意义及相关实践案例展示。通过本章的学习,学生能够掌握社会服务的相关知识,并深刻理解服务设计在社会服务中的具体应用场景及服务设计的社会价值和经济价值。为学生进行社会服务设计实践抛砖引玉。

6.1 服务设计与社会服务

6.1.1 公共服务

第一次提出"社会服务"概念的是蒂特马斯(1951年),他认为社会服务和以现金支付的社会保险是截然不同的概念。社会服务是指以提供劳务的形式来满足社会需求的社会活动。狭义的社会服务是指直接为改善和发展社会成员生活福利而提供的服务,如衣、食、住、行、用等方面的生活福利服务;广义的社会服务包括生活福利性服务、生产性服务和社会性服务。第二次世界大战以后,发达国家的社会服务模式已经不再局限于初期仅仅是针对生活困难者的物质济贫服务,而是扩大了社会服务对象,增加了社会服务内容,创新了社会服务形式,实现了由早期简单的生活救济型社会服务向全面的、以服务促发展的普惠型社会服务的转变与提升,在优先确保对社会弱势群体照顾服务的基础上,现代社会服务功能得到扩展,社会服务体系也逐渐成熟。

6.1.2 社会服务体系

社会服务体系是指对社会服务范围和标准、资源配置、管理运行、供给方式以及绩效评价等所构成的系统性、整体性的制度安排,其核心问题是要确定主体构成与责任划分。社会服务体系的有效构建使得地方政府在建设新型社会的过程中精确定位社会服务范围、明确服务标准,并且在体系内部能更快地发挥资源优化配置作用,提高资源的利用效率,促使居民享受更多更好的社会服务。社会服务体系不同于传统的以政府为单一服务主体的形式,它将政府与社会相联系,发挥各自优势,实现社会服务效益的最大化。

6.1.3 新型社会服务体系

新型社会服务体系的"新"主要体现在两个方面：一是在主体的构成方面。传统社会服务体系构建中存在巨大的主体缺失问题，政府在处理日常事务的同时，还需要花时间向居民提供相应的社会服务，这就导致了政府职能的庞大和冗杂。二是供给方式和考评方式。社会服务的供给是政府职能之一，传统的单纯依靠政府供给方式已经或正在被市场与社会力量共同参与的多元化供给方式所取代，而且多元化的供给方式在不同国家也正在朝不同的方向发展。社会服务供给方式的研究与政府改革密切相关，尤其是在我国，经济体制的转型使政府职能不得不随之进行深刻转变。所以，当前我国社会服务供给方式的研究有相当部分是围绕服务型政府的建设而展开。一般认为，建设服务型政府的主要目的就是使政府能够以公民和社会本位为理念，通过有效的制度安排，引进各种市场与社会力量，向社会提供公正、透明、高效的社会服务。因此，服务型政府建设必须与社会服务供给方式的改善相结合，而这种结合，又必然涉及政府社会服务供给理念、社会服务供给方式的制度设计、社会服务供给方式的绩效评价等相关内容。社会服务既是政府的主要职能，又是各类社会组织参与和发挥作用的重要领域，谁来评价社会服务的质量，如何评价社会服务的结果，便成为社会服务管理领域亟待解决的问题。新型考评方式不再以政府为不为作为评价的主要标准，而是以政府作为以后取得的效果如何为标准，在新型社会服务体系建设过程中，应注重服务质量和效果，避免社会资源的浪费和应用错位。

6.2 社会服务的发展现状

6.2.1 我国的社会服务发展现状

我国的社会服务和社会管理是社会工作的重要组成部分。主要包括社会保障福利服务、社会风俗改造等精神文明服务，基层社会群众自我教育管理等民主建设服务，社会团体管理等社会行政管理性服务。还包括以全体社会成员为对象的普遍服务，以烈属、军属、复员退伍军人、老年人、残疾人、无依靠儿童、贫困者等为对象的特殊服务。以这些社会服务为内容的社会工作，在预防、解决社会问题，处理社会矛盾，调整社会关系，改善社会生活方式，完善社会制度，减少社会发展的障碍因素等方面具有重要作用。

社会服务作为国家社会保障体系的一部分，定位在国家"基本公共服务"范畴内。探讨我国城乡社会服务的服务对象、服务内容、实现途径及保障措施等一系列问题，努力通过政策完善和制度创新进一步保障和改善基本民生，提升社会文明、推动社会进步、促进社会和谐。

6.2.2 发展社会服务的意义

专家学者们普遍认为，现阶段我国大力发展社会服务具有重要的战略意义：

(1) 大力发展社会服务可以拓展我国公共服务的范畴，加快服务型政府的建设。

(2) 大力发展社会服务可以推动社会工作专业化的发展。

(3) 大力发展社会服务可以促进就业，特别是大学生就业。

(4) 大力发展社会服务可以充分开发和利用社会资本，推动发展。

(5) 大力发展社会服务有利于完善我国的社会保障制度，满足人民日益增长的美好生活需要，增进人民福祉。

6.3 社会服务创新项目概述

"社会设计"最早可追溯至帕帕奈克1971年出版的《为真实的世界设计》一书。在书中,帕帕奈克提出当时设计的两大缺失:其一在于设计师对于环境问题的忽视,以及设计对消费主义的助推;其二在于对相对弱势群体的忽视。如果说前者是设计师对环境可持续问题的关注,那后者则算是对社会公正的考虑。而尽管在可持续设计领域,环境可持续与社会可持续的问题往往分开来讨论,但这两者均被纳入设计师的"社会责任"(social responsibility)范畴。

由于20世纪90年代之后,环境友好型设计、生态设计已经渐渐成为重要的设计原则。而社会责任设计、社会设计等关注的核心更侧重于社会问题,即设计师为相对弱势群体、为推动社会公正而做设计。在这个大的领域之中,设计师们探讨及实践的方式,既有对设计服务对象的不断放大,又有对设计方法本身的尝试与拓展。

6.3.1 社会服务创新项目

社会服务创新项目,简言之是基于所处社会环境,为实现创造和开发人、社会企业、社会团体等的自身价值,满足人的需求,提高和完善人的生存质量,改善社会生态环境所开展的项目活动。因此,社会服务创新项目通过多角度、多维度满足服务对象的物质需求、社会需求、精神和心理需求,并为其提供解决问题的能力,保障人们的精神和心理上的健康,实现社会的和谐稳定。

6.3.2 如何开展社会服务创新项目

创新的着力点,就是"精准"二字。以扶贫工作为例,过往的扶贫工作在开展中更像大水漫灌型的扶贫,投入的力度不小,但收效不大。而现在所开展的精准扶贫工作,则实现了聚焦贫困人口的个人、家庭、社会环境,找准致困原因,采取针对性的措施开展扶贫工作,因此实现精准脱贫。

而聚焦到现阶段的很多党群服务中心的项目中,则有些类似于过往的粗放式扶贫工作,看似面面俱到,但多流于表面,面对服务的各类群体不聚焦,没有做到深入挖掘服务对象的需求,并结合服务对象的需求精准设计服务项目。而所谓的不知从何做起,只是我们在尝试精准化和深入化开展工作时的拦路虎,因为精准服务的开展和服务对象精准需求的挖掘工作确实会有一定难度,如若不能有死磕到底的决心和勇气,以及为此不断充实自身、强大自身的方法,工作只能停步不前。

综上所述,开展好社会服务创新项目,其实无外乎做好对社会工作服务群体的需求探求,对于自身服务能力和服务方向的精准定位,对于政策、社会资源等的统筹思维,对于社会发展中,服务方向上的新需求把握等几个环节。

6.3.3 社会服务创新项目的意义

社会服务创新项目的发展,不仅仅是项目服务类型、服务方向的调动和发展,更重要的是社会中人、财、物等资源的分配和调动。社会服务创新项目在开展之中的创新主体既可以是政府单位、社会组织,也可以是企业、团体、个人。而且开展创新项目既有对于政策、体制的创新,也有对于单位、团体、社区、家庭、个人等开展的服务。党委领导、政府负责、社会协同、公众参与、法治保障的社会服务体系中也强调了社会各方力量在社会服务体系中的作用。

社会服务的核心在于人，社会服务创新项目则能精细化地聚焦到人、人与家庭、人与社会的问题上。例如，在第五届中国公益慈善项目交流展示会中针对青少年素质提升开展的社区印记项目、针对青年开展的岭南青年成长计划项目、针对社会创新组织和人才培育开展的社会创新游学营项目、针对社区文化营造开展的社区故事馆项目、针对社区残疾老人开展的以老养残社区支援项目等。这些创新项目的开展，从多角度聚焦了社会服务中不同人群的需求问题。因此，社会服务创新项目起于社会服务的精准聚焦，贵在服务中的探究和创新。

6.4 社会创新设计实践

6.4.1 老有所"养"——城市家庭智能医药服务终端设计

"养"即赡养，供养，是基本生存需求的供给和满足。这里主要通过老年人的智能医疗服务设计案例展开论述。主要涉及就医流程优化与智能化，用药服务与药品管理，医疗服务系统化。突出解决服务系统流程合理化、资源配置与利用集约化等方面的问题。

据统计，目前我国60岁以上的老年人口总数已经达到2.5亿人，成为世界老年人口最多的国家。当人迈入老年阶段，新陈代谢开始变慢，身体各部分机能逐渐开始衰退，患病率极高，因此老年人医疗问题备受社会关注，然而老年人在生病就医、用药过程中却遇到诸多问题。老年人生病就医困难，尤其是失能老人去医院排队挂号等就医流程烦琐；老年人对于网络问诊不信任，且存在操作困难等问题；在日常服药过程中老年人经常会遇到忘记吃药、忘记用量、吃错药或者多种药物并用引发不良反应等问题。

我们通过对四款线上智慧医疗产品（微医、丁香医生、快速问医生、好大夫在线）和两款线上智慧医药产品（掌上药店、用药助手），从下载量、战略定位、功能特点、优缺点、交互视觉界面等五个方向进行分析研究发现，互联网医疗服务存在较多问题，老年人用户更是少之又少。

通过对比市场上有竞争力的六款智能医疗产品（Pill Drill 智能药盒、VV-BOX 智能 WIFI 语音药盒、Memo Box 智能药盒、Pillo 智能药物分配器、Lumma 智能分药器和一种概念产品 Pill Watch 智能手表）发现，其相同点是，存放几种不同种类的药品和提醒功能，这六款医疗产品只有 VV-BOX 智能 WIFI 语音药盒是专为老年人设计的。

通过查阅文献及竞品分析，发现目前我国老年人的互联网医疗服务系统并不完善，智能医疗产品市场仍处于发展初期，智能医疗产品很多，但是目标使用人群针对性不强，功能的适老化设计不够深入。

6.4.2 调研结论

经过调查发现，老年人普遍存在的医疗问题主要表现在：

(1) 生病就医问题。就医主要分为三类：一是去医院就医，二是网络问诊，三是上门问诊。由于老年人对于网络问诊的不信任，大多数老年人选择去医院就诊。但医院大多人满为患，且就医流程烦琐，导致老年人就医十分不便。

(2) 用药安全问题。日常的小病小痛，有的老年人为了方便会选择去药店咨询购买药物，然而药店人员专业知识有限，不能给出专业的用药指导，一些老年人可能会因此耽误病情，从而引发严重后果。此外，在日常服药过程中，老年人忘记吃药、忘记用量、乱吃药、吃错药或者多种药物并用引发不良反应的现象也频频发生。

(3) 药物浪费问题。老年人一般会在家里储备一些药物，但每次生病，由于丢失说明书或者忘记存放何处等原因，大多数老年人再次患病时，大多都选择重新购买，造成不必要的药物浪费。

(4) 心理焦虑问题。有些老年人有焦虑、消极的情绪，当感到身体不适时，总会猜疑自己患有严重的疾病。此外存在医生建议的药物由于各种原因没有坚持服用等问题。

6.4.3 需求功能点提炼

1. 就医功能点提炼

根据用户调研得出用户痛点，依据痛点总结需求点，进而得出产品功能点。依据调研结论发现老人看病频率高、看病困难多，互联网就医操作困难、不信任，心理不重视或不科学处置病症等现象明显，对应提出需求点包括预约挂号、流程指引，增强在家护理的科学性和权威性等，见表6.1。

表 6.1　　就医功能点提炼

痛　点	需　求	功　能
生病就医困难，排队挂号等流程烦琐	快速就医、问诊，无需挂号或快速挂号	在家智能看病
网络问诊有时间限制	24小时问诊	在家智能看病，随时随地问诊
老年人对网络医生不信任，对医生的资质表示怀疑	增强网络看病的权威性，避免误诊	大数据结论得出病因 中西医结合
慢性病老人需定期去医院检查，麻烦	在家护理，减少去医院的次数	实时智能监测，同步数据，数据分析，得出结论
很多慢性病患者存在心理疾病，需要多沟通，释放情绪	心理疏导，解决心理问题	心理智能测试分析
自我检测不规律、不合理，通常不舒服的时候才会测量	监测血糖、血压等发现自身健康问题	日常监测，记录数据

2. 用药功能点提炼

根据用户调研，从表6.2可见老人在用药的过程中存在忘记吃药、重复购买、药品浪费、药品携带、用药安全知识匮乏等痛点，相对应的需求点和功能点包括提醒用药、科学用药、药品管理、方便携带、用药安全提醒等。

表 6.2　　用药功能点提炼

痛　点	需　求	功　能
乱吃药，吃错药	当自己生病时，究竟该使用哪种药物	智能用药，正确使用药物
忘记吃药，忘记用量，忘记哪种药物先吃	用药时提醒，什么时间该用什么药物	智能提醒，正确使用药物
药品不方便携带或忘记携带	携带药物功能，智能提醒功能	可穿戴产品智能提醒随身携带药品
家里储存药物很多，但每次生病都需要重新购买	在相同病状下，重复利用药物，避免药物浪费	用药记录，剩余药物分类
老年人对用药的安全知识了解少甚至不了解	用药前了解用药安全、用药注意事项等	用药安全提示，智能监测，日常提醒
药物不足，购买药物不方便	药物查询，附近药店查询	定位，附近药店，送药上门

6.4.4 家庭智能医药服务终端设计实例

1. 产品定位

(1) 目的：实现问诊、用药一体化服务，解决老年人日常医疗问题，给老年人一个健康安乐的晚年。

(2) 目标用户：长期用药、心理焦虑的老年人。

(3) 主要功能：24小时智能问诊、安全用药，智能监测。

(4) 产品特色：智能问诊，大数据信息技术得出病症，实现就医、用药一体化。

(5) 使用场景：当用户患病时，使用家庭医药服务终端通过与虚拟医生视频通话的形式实现智能问诊，大数据信息技术得出病因、所需药物、注意事项等，GPS 定位送药上门，用户扫条形码录入药物，系统同步药物信息、到达用药时间、智能提醒，实现安全用药。

(6) 社会价值：帮助更多老年人提高用药效率，实现快速安全的用药；老年人在家看病，既给老年人带来便利，又能缓解医院人满为患的现象。

2. 家庭医药服务终端使用流程

家庭医药服务终端使用流程见图 6.1。

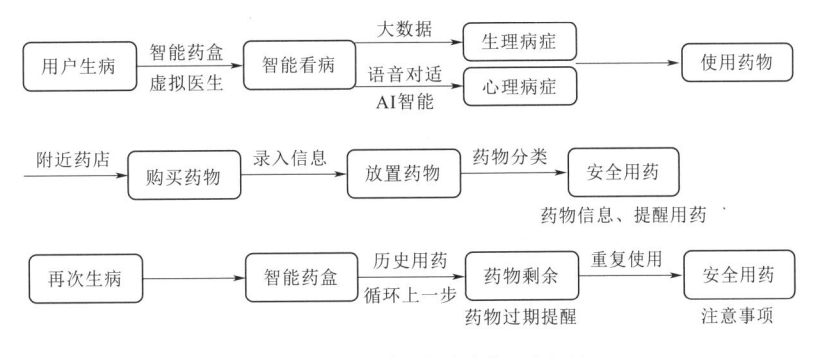

图 6.1 家庭医药服务终端使用流程图

3. 产品功能定位

(1) 家庭医药服务终端。

1) 智能看病：24 小时智能问诊，与虚拟医生视频通话，上传个人健康数据，通过大数据信息技术得出生理、心理病症，给出合理用药建议。

2) 送药上门：视频问诊结束，用户知晓所需药物，通过 GPS 定位实现送药上门，解决老年人行动不便买药难的问题。

3) 药物放置：扫描药物条形码录入药品信息，放入相对应的盒子内，自动记录，设置时间、用量等。

4) 药物过期提醒：药品过期前一周内进行阶段性提醒，老年人可选择一键购买、送货上门或取消使用，取出遗弃。

5) 智能用药：把药物放入家庭医药服务终端，用药前提醒，当到达用药时间时，药盒发出逐级提醒。用药时按下按钮，药物自动掉出需服用的药品（内部旋转），并在界面上显示药物信息、注意事项等。

6) 用药记录：通过家庭医药服务终端，用户可以查看当天用药情况、每月的用药情况和历史用药记录。当再次生病时，查看历史用药记录，相同病症可重复使用药物，避免药物浪费。

(2) 便携产品。

1) 智能提醒与监测：便携产品智能监测，健康数据同步家庭医药服务终端得出健康指数，结合用户身体数据制定每日计划，便携产品根据计划智能提醒用户（睡眠、运动、饮食等），以便早日达到目标分数。此外，通过个人健康数据分析，还可以做到大病监测、疾病预防。

2) 外出携带药物：通过可携带药品定位功能，当外出时提醒携带药物，老年人输入外出天数，药物自动掉出，老年人将其放入可携带产品。当外出时，到达用药时间，可携带产品提醒老年人用药，当老年人外出归来后，家庭医药服务终端开启工作。

4. 产品外观设计

家庭医药服务终端外观采用曲线设计，使之更具亲和力。正面设置红外线扫描装置用于录入药物，并在家庭医药服务终端同步药物信息，设置用法用量。操作简单快捷，遵循易操作原则。如图 6.2 所示内部旋转结构，用户按下按钮，即可用药，遵循恰当的细节设计原则。如图 6.3 所示的便携产品外观与电子手表相类似，减轻老年人认识压力。两侧可放置临时药物便于携带。

图 6.2　家庭医药服务终端　　　　　　　图 6.3　便携产品

5. 家庭医药服务终端界面设计

根据识别度和老年人的认知能力，设计智能家庭医药服务终端的界面，提供用户合理的交互模式，实现人与产品间的交流，增强用户黏性。如图 6.4 所示家庭医药服务终端界面设计，运用了老年人产品设计原则，绿色寓意着健康，还能缓解疲劳。选用绿色和白色作为主体色，界面简洁美观；蓝色和黑色作为辅助色，使老人在视觉上取得平衡，带给其愉悦的心情，最后黄色和红色作为点睛色，作为重要操作或状态提示。

图 6.4　家庭医药服务终端界面

6.4.5　养老医疗服务系统创新研究

在老人就医过程中，去哪儿就医，如何就医，就医流程是怎样的等问题成为老人就医的难题。因此，对养老医疗版块展开进一步研究，从而进行终端产品设计，为老人就医服务系统搭建提供完整解决思路。

1. 产品设计要求

信息科技产品对老年人具有一定的应用潜力和实用价值，智慧健康养老是应对人口老龄化问题、帮助老年人提高生命生活质量的新模式。基于当前医疗服务现状，再结合老人需求及特点，为老人设计一款智能穿戴设备，更好地为老年人提供养老医疗服务。

对于目前市面上已有的穿戴设备进行竞品分析可知，不同表现形式的穿戴设备各有不足，如智能衣服存在清洁不方便和信息反馈不畅的问题，智能腰带存在技术实现问题、信息反馈不畅的问题以及交互不便的问题等。智能手环具有更好的隐藏性和融合性，很好地解决了在交互空间、信息反馈以及技术实现上的问题，故选择智能手环来为老人提供更加便捷的就医服务。

智能手环的主要作用在于健康监测以及提供就医指导服务，应该确保老人在佩戴时的便捷以及在佩戴过程中的舒适及适用。因此，在使用方式上采用语音交互模式，降低老年人操作难度。

同时，考虑到仅仅依靠智能手环还无法给老人提供完善的就医需求，为此设计一款可供老人的子女或家人使用的 App 作为智能手环的辅助工具，实现手环与 App 的双向信息互通，必要时子女可通过 App 帮助老人实现特定功能。

2. 产品设计及说明

根据以上的产品设计要求，对老人使用的智能手环进行设计，从色彩、功能和外观三方面进行分析。

（1）色彩：根据之前的研究表明老年人更偏向于喜欢艳丽的颜色，故本设计分别选择以红色、黄色和蓝色为主的色彩方案，体现出一种既活泼又不失稳重之感。在后期的用户体验中，根据其需求在色彩上做进一步拓展和深入。

（2）功能：主要包括健康监测、电话、紧急求救、提醒通知、智能语音指导和实时定位导航等功能，具体说明如下：①它是兼手环与耳机于一体的智能穿戴设备——老人就医指导手环。②手环主机后面带有健康监测芯片，可实时监测佩戴者血压、血氧、心率等。③考虑到界面小，误操作概率大，主机正面采用非界面操作方式设计。主要以语音方式完成操作，以显示灯方式呈现各种状态，通过视觉色彩传递信息。④主机采用可拆卸设计，核心区可从手环上卸载作为耳机佩戴，通过耳机进行人机之间的语音交互。⑤耳机内附带小衣夹，通过软线与耳机相连，可将衣夹夹于衣边，从而避免耳机丢失。⑥当监测到老人健康异常或者摔倒，自动开启紧急求救功能，无需老人自己操作即可实现及时呼救（图 6.5～图 6.7）。

图 6.5 智能手环效果图

图 6.6 监测功能结构展示

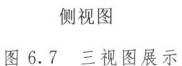

图 6.7 三视图展示

（3）外观：首先考虑到老年人的认知水平和思维模式，减少老年人"专用"的标签属性带来的心理负担，增加社会融入度，外观上选择易于其接受的常规大众款。其次，为了更好地在嘈杂环境下实现人机交互，主机设计为可拆卸结构。例如，在医院就医导诊过程中作为耳机佩戴，通过耳机更好地将信息传达给老人。

3. App 设计及说明

App 的使用人群主要是老人的子女或者家人，他们通过 App 来远程帮助老人实现需求。App 主要包括监测、挂号、车航、足迹、问诊、购物、邮寄等功能。具体如下：①可远程实时查看老人健康监测数据，并进行数据分析及给出建议，引起子女对老人健康的关注。②约车行程进度查看，确保老人更加安全出行。③就医指导路线呈现，得知老人各个就医环节实时状况。④线上挂号，帮助老人线上预约挂号，使老人在最短时间得到就医服务。⑤一键支付，对于老人在医院的各项消费开支，App 可自动接收各项消费项目，实现线上汇总支付，避免线下反复缴费的烦琐。⑥线上购物邮寄，帮助老人将检查单、问诊单、对应药物等寄送上门，避免老人物件的遗漏（图6.8、图6.9）。

图 6.8　首页、监测、车航、足迹

图 6.9　服务、购物、邮寄、车航信息

4. 养老医疗服务流程

为老人构建完善的医疗养老服务流程是提升医疗服务水平实现普惠医疗的关键，为此对医疗服务流程进行优化设计具有很大的现实意义。老人通过手环可实时关注到自己的健康状况，同时手环也可以将老人的健康状况通过云平台上传到 App，让子女们可以远程关注父母健康。在需要多元化、高层次的就医服务时，老人和手环进行人机语音交互，手环可将需求通过云平台传达到指定服务区，从而实现服务精准、快速。在就医过程中，为了让老人在陌生环境下高效就医，可通过手环语音导诊，及时到达指定地点完成各项检查。为简化老人就医流程，子女通过 App 帮助老人进行挂号、付费、取药等操作，缩短老人的就医时间。手环和 App 的相互配合，让老人不必为晚年能否获得完善的医疗服务而担忧，在不断完善的云平台、大数据等技术支持下形成优质的养老医疗服务体验（图 6.10）。

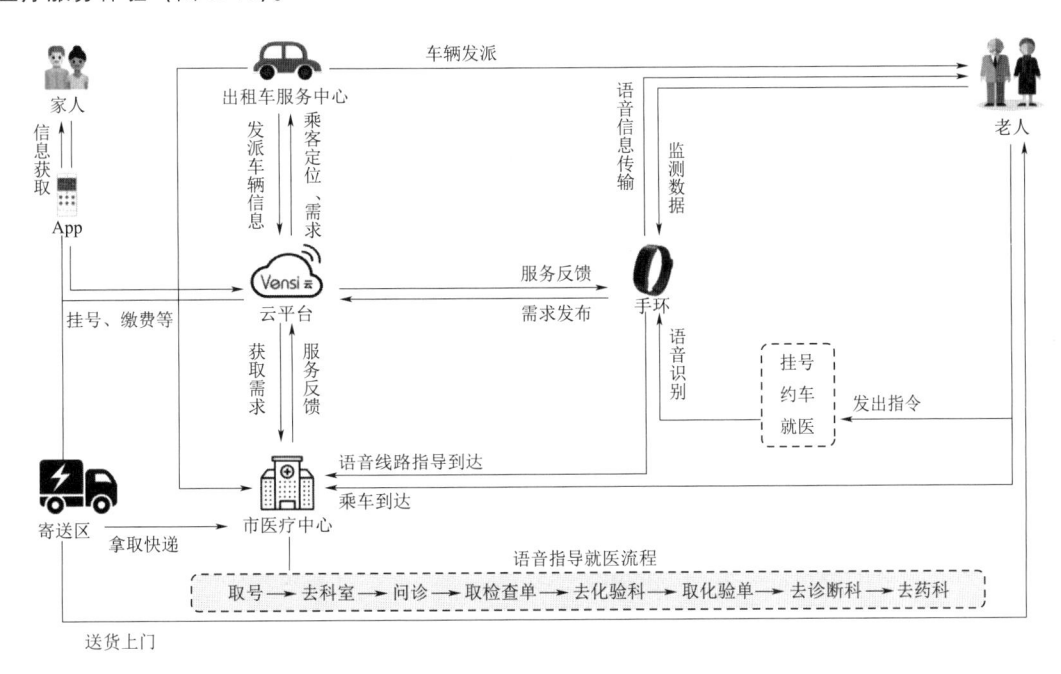

图 6.10 养老医疗服务流程图

5. 结语

构建完善的养老服务系统是缓解养老以及促进城乡发展的有效途径，同时也是提升老人晚年生活质量的关键。本文是以内蒙古养老服务需求为出发点，以 ERG 理论为依托展开服务设计，实现多元供给主体互助协作的服务策略及模式。将大数据、云平台等技术融入养老服务系统的运作之中，形成资源信息共建共享，有效提高养老服务系统中供需动态平衡，推动更高层次的养老服务需求实现。考虑到老年群体需求的多元化，服务系统可能还会存在某些不足，为此，后续跟进服务原型测试，根据测试结果满足用户更深层次的需求。此提案虽然不是养老服务问题的全部解决方案，但可以使养老服务得到有效改善，提升老龄群体养老体验，也能为养老服务设计以及促进养老服务产业的发展提供可借鉴的理论依据和参考。

6.5 老有所"依"——防治老年人阿尔茨海默症的情感关怀交互产品设计研究

"依"即依靠、依赖，从"关系"的角度出发，满足老年人归属和爱、尊重和理解等人际交往方面的需求，探讨老年人与家人、朋友的沟通途径、沟通效果，突出关系中的情感联结与关心爱护，以及服务系统本身的人性化设计。

地球上平均每 67 秒就会有一人被诊断出患阿尔茨海默症（简称"AD"），即老年痴呆。该病的识别率低，缺乏有效的治疗手段，给家庭和社会带来沉重负担。据调查，目前大多数研究者是在药物治疗领域对延缓病情进展方面进行研究，而从设计的角度对 AD 患者进行益智锻炼、情感关怀来达到延缓病程发展的相关研究甚少。

随着我国社会老龄化进程加快，AD 患者的数量也是逐年攀升。然而与快速增长的 AD 患者数量相比，其就诊率普遍偏低。据调查，我国轻度 AD 患者的就诊率为 14%，中度 AD 患者的就诊率为 25%，重度 AD 患者的就诊率为 34%。研究表明大众普遍对该病的认知率低，缺乏主动寻求专业帮助的意识，导致产生诸多严峻的社会问题。尽管相关研究指出轻中度 AD 患者可以通过例如益智训练等非医疗手段干预治疗以延缓病情，但是市场上却鲜有针对性的益智训练辅助类产品。

6.5.1 治疗研究现状

由于 AD 患者的病因及发病机制未明，尚无特效疗法，目前以对症药物治疗为主。目前的治疗手段分为内部调节的药物治疗和外部刺激的非药物治疗。非药物治疗主要包括护理和康复疗法，治疗的目的是延缓病情进展，改善认知功能及记忆障碍，锻炼患者的独立生活能力，提高生存质量。

在非药物治疗阿尔茨海默症的方式中，音乐疗法和对家庭护理的干预方式最为有效。研究显示，通过音乐疗法和对家庭护理的干预，可以延缓轻中度 AD 患者病情的进展，舒缓患者情绪，改善生活的质量。同时，减轻病患家属的照护负担，有利于家属更专业更有效的照护患者。

1. 音乐疗法

在康复疗法中，目前应用最广泛的方法就是音乐疗法。首先音乐治疗具有缓解情绪的作用，其次音乐疗法可以通过音乐对感官的刺激而增强其语言和记忆能力，从而促进互动和交流。在我国古代，就已经发现音乐对疾病具有治疗效果。五行音乐——悠扬的土乐、欢快的火乐、雄伟的金乐、清新的木乐、柔和的水乐与人体五脏密切相关，可以调整患者的情绪，益于慢性病患保持功能和提高生活能力。而现代也对音乐疗法治疗慢性病患有了新的研究进展，有研究表明，加入音乐治疗可以进一步减轻焦虑等因 AD 引起的精神行为症状。

2. 家庭护理干预

AD 患者的主要生活地点是家庭。家人的照顾对于 AD 患者病情的改善起到重要作用。据调查，家人的照顾能明显让患者感受到归属感，降低患者的负面情绪。家庭护理的持续性和有效性有利于患者生活质量的提高。护理的主要内容如下：

(1) 精神和生活护理。合理安排患者日常生活，创造安全舒适的环境，进行能力训练（包括记忆强化训练、认知功能训练、自我照顾能力训练、智力游戏等），参与社区活动及心理辅导等。

(2) 家庭支持护理。护理人员对家庭支持护理实施者予以健康教育，促使患者家属了解家庭支持护理的重要性，并告知相应的护理方法，如饮食护理、生活护理、安全护理、认知功能障碍护理等，全面提升患者的生活质量。

家庭护理需要专业、完善的知识储备和行之有效的护理措施。但是由于我国专业护理人员严重不足，导致家庭护理负担重、专业程度不高，对于疾病控制及延缓病情收效甚微。

6.5.2 产品设计构思

康乐益智辅助系统的设计来源于对轻/中度阿尔茨海默症患者的生活状态调研，依据该人群及家属的需求包括：①身体机能老化，吃饭会出现使用筷子或勺子抓握不稳掉落的状况，需要更便于抓握的餐具；②AD 患者具有脑力锻炼的需求；③患者家属需要了解更多照顾病患的专业建议。因此，我们的解决方案是：帮助患者自主吃饭；饭后进行益智娱乐活动以及检测食物营养数据监测益智活动数据，为家属提供专业家庭护理建议（图 6.11）。

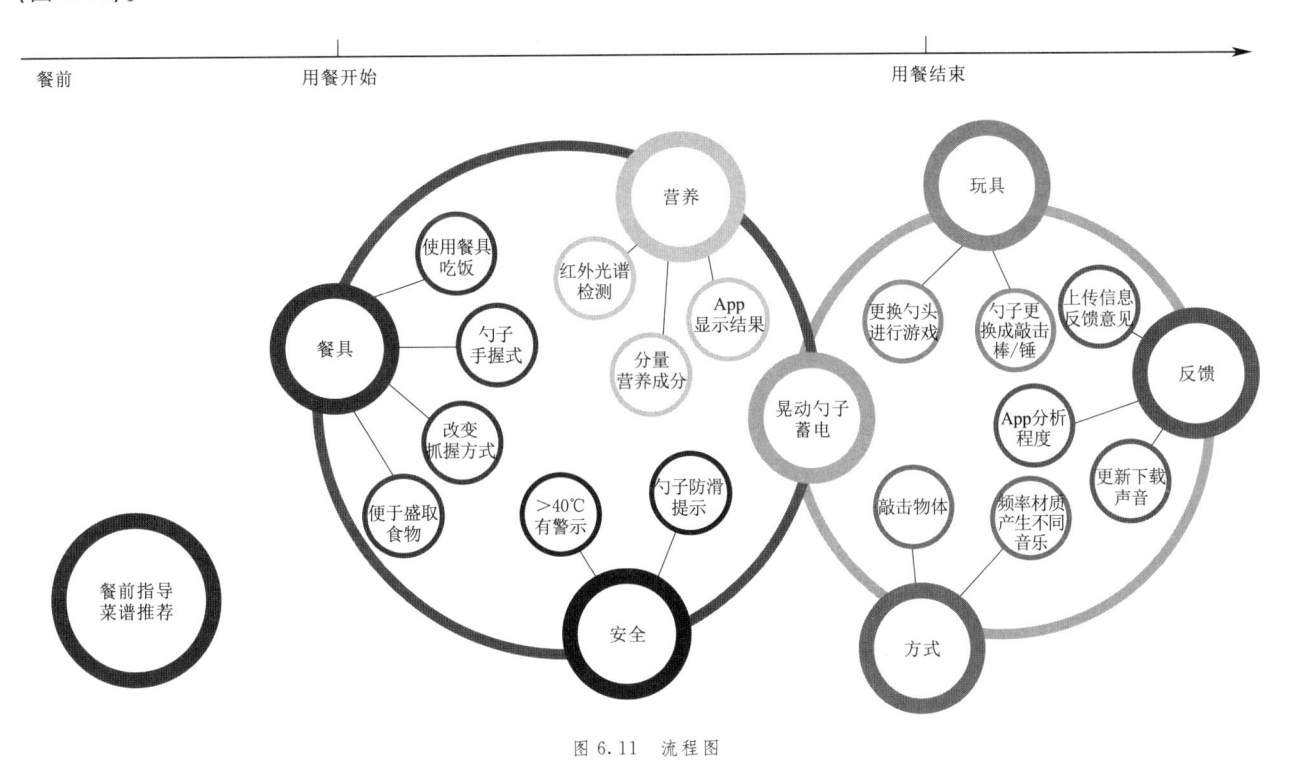

图 6.11 流程图

1. 设计目的

(1) 稳定 AD 患者的情绪，减轻家人和照护者的负担。

(2) 辅助轻中度 AD 患者吃饭。

(3) 为 AD 患者搭配合理饮食菜谱，并提出合理化的膳食建议。

(4) 为 AD 患者提供更专业更贴心的照顾，以延缓病情进展。

2. 设计主体内容

本设计命名为"康乐益智辅助系统"，主要分为产品端和 App 端两个方面。

(1) 产品端——智能餐具设计（患者使用）。遵循简单易用的设计原则，使产品更贴近患者的使用方式和习惯，采用鲜艳的色彩搭配，吸引患者的注意力，符合审美情趣（图 6.12）。主要功能如下：

图 6.12 全部产品图

1) 根据老年患者手部抓握不稳的特征改变餐具的抓握方式，结合手握式工具的手柄进行设计。改良了勺子和叉子的手柄，以便能够抓握更稳，让 AD 患者能够更自主地使用餐具，符合定位准确性原则和自主性使用原则。

2) 防烫温度提示。勺子前段使用温感变色材料，当食物温度超过 40℃ 时会有变色警示功能，符合设计的安全性使用原则。

3）吃饭使用过程中会自动蓄满手柄内的蓄电池，为之后的益智娱乐活动提供电源。同时，电力的储存和释放过程与患者的进食和消耗过程同步，增加使用乐趣。

4）脑力开发阶段即可将餐具变成玩具，将前段的勺子换成敲击棒/敲击锤，根据敲击对象材质不同、敲击频率不同会产生相应的音乐，对大脑进行益智活动。符合设计的简单化、易用化原则。同时，智能设备与App相连可记录锻炼过程、分析益智程度，总结并给出下一步专业的锻炼建议以及提供音乐更新，力求保持新鲜感以延长产品使用寿命。

5）碗底内部装有红外光谱营养检测设备，能够实时检测食物营养成分并上传App端做出营养分析，从而给出合理饮食建议、推荐健康食谱。符合设计的技术人性化原则。

（2）App端（看护人使用）。本设计运用了简洁的交互设计原则，颜色搭配为蓝色、白色和灰色三种色调。其中，蓝色代表理智、细致、知性，是天空的颜色；白色代表纯净；灰色代表沉稳。整体搭配给人舒适、简洁、恬静的感觉。

其主要功能包括收集患者的益智数据、营养数据，让看护人员了解专业护理知识，得到照顾病患的专业指导，给医生上传健康数据，得到医生的建议等。

设计主要分为四个部分：

1）益智活动。对患者使用产品的益智活动过程进行监测，显示活动的时间、敲击的频率，活动的音乐以中国的五行音乐作为分类依据，看护人员可以按需选择和更新下载（图6.13）。

2）饮食管理。针对患者的具体病情以及营养监测数据推荐健康食谱（图6.14）。

图6.13 "益智活动监测"页　　　　　图6.14 "饮食推荐"页

3）数据管理。有记录患者的病例数据以及上传益智活动的相关数据到医生端，接收医生的反馈意见；对营养数据进行记录并分析数据给予合理饮食意见，对益智活动数据进行记录并给予评分和给出锻炼建议；记录益智活动的声音反馈等（图6.15）。

4）关于我的。App的常规设置，可以查看收藏内容、调整字体大小、查看设备匹配状况、清理缓存等（图6.16）。

图 6.15 "数据记录"页　　　　　图 6.16 "我的"页

6.6 校园公共交流体验设计——内蒙古科技大学"感知"公共交流空间服务设计

6.6.1 设计背景

随着社会的发展、信息传递方式的加快，当代大学生对空间的需求和空间体验、空间的设计服务有了不同的要求。如何立足校园设计出满足当代大学生的公共交流空间，是设计工作者人性化思考的立足点。校园内部有很多"灰"空间、"碎片化"空间，如何利用这些碎片空间进行可持续化、系统化设计也是一个值得思考的课题。

基于以上背景，如何设计出新的用户体验空间、如何让客户享受到良好的服务，是我们本次案例要解决的主要问题。

6.6.2 设计构思

针对背景分析，方案整体设计思路为：第一，系统化无接触服务设计，空间区域划分独立体验，交通流线线性化设计，服务系统智能化，体温追踪可视化等。第二，情绪可视化管理空间，私密空间与半私密空间的自主选择体验，空间体验一体化设计，建筑、景观、室内互溶性体验。第三，基地选址可持续性利用，区域流线识别性强。通过本次设计使客户获得全新的空间服务体验与可持续的服务模式，使大学生不仅享受空间带来的满足感，同时享受到良好的系统的服务体验。这个构思框架指导也为服务设计概念、服务程序提供思路和空间节点设计的指导性原则。

通过设计背景与构思可以看到，设计体验从如何看、如何想、如何做，也就是从设计原因、定义、宗旨几方面进行设计实践，提出解决问题的思路，策划出设计服务体验路径。

6.6.3 基地选址

基地选址考虑到用户整体体验旅程，包括基地历史文化、基地周边路网、人流路线，使用户对基地识别性与方位认知性有了初步认识。方案通过对内蒙古科技大学校园内碎片化空间进行实地调研，选定图书馆建筑围合空间进行设计。同时对图书馆历史沿革与扩建工程进行详细调研分析，对基地立面现状进行评定，对设计后期提出设计服务策划做资料准备。基地是通过二次改造围合成两个庭院，空间较为私密，目前处于闲置状态，无使用功能，无景观设计。目前现状对公共交流空间与服务重构提供良好的基础（图6.17～图6.19）。

内蒙古科技大学

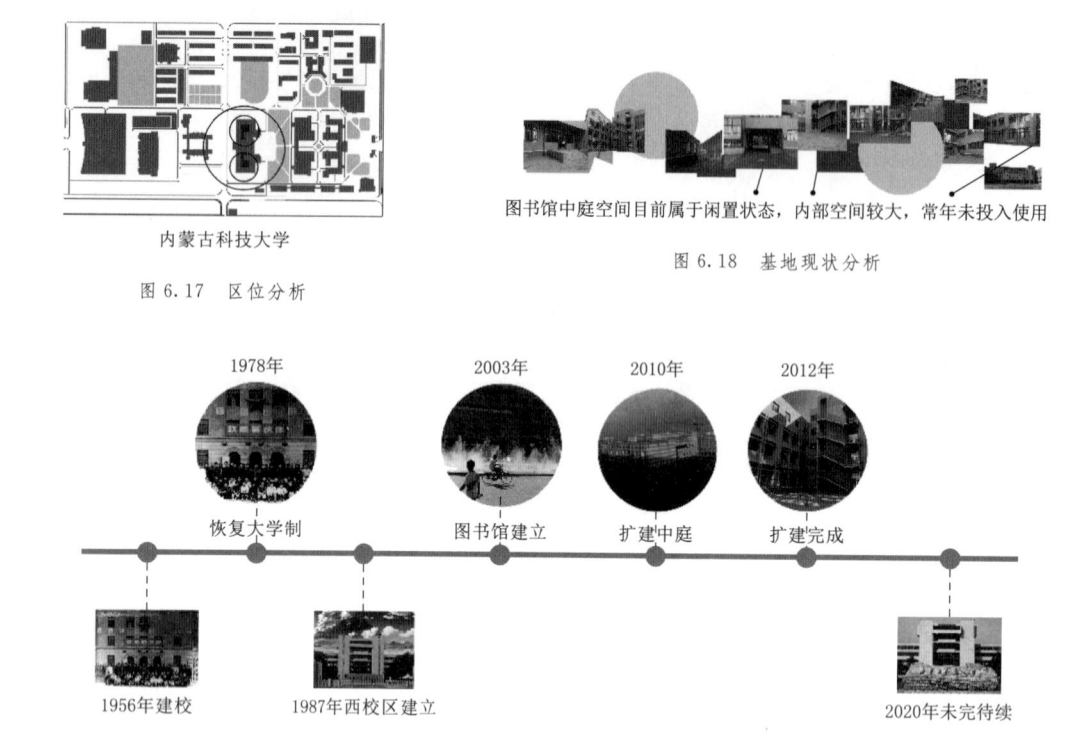

图 6.17　区位分析

图书馆中庭空间目前属于闲置状态，内部空间较大，常年未投入使用

图 6.18　基地现状分析

1978年　恢复大学制
2003年　图书馆建立
2010年　扩建中庭
2012年　扩建完成
1956年建校
1987年西校区建立
2020年未完待续

图 6.19　历史分析图

6.6.4 基地分析

设计分析在方案设计策划中起着重要的作用，分析要有针对性，要对后期解决问题的方法提出重要的思路。设计分析不能无效，所有分析要以最终客户体验为出发点。遇到难点应该站在体验者的角度用合理的设计手段进行合理规避，以使设计体验、服务设计达到最优。

本案例中，通过对校园楼宇的分布位置与楼宇的使用功能进行分析，方案位于教学区中心位置，而非生活区，那也基本对该区的功能定下设计基调。区域不同，使用方式不同，设计体验与服务不同导致设计手法也不尽相同。基地位于教学区设计基本保持线条、色彩明快，服务与流线直接、明确。

通过对现有景观功能分析，可以得出基本的规划思路。基地西侧是教学楼休闲区，可以使绿地与方案相互交融，互做延续，加强现有景观休闲区使用功能单一、景观节奏单一，加强设计节奏连续化体验。交通方面，该地位于交通核心地段，可识别性较强，在后期加强设计引导，规划设计流线，让设计体验系统化（图6.20）。

6.6.5 视线分析

该方案位置从教学楼左右入口观察，都能达到良好的视觉辐射范围。顾客视觉范围明确、视觉识别性强。基地内部空间呈凹字形，分为两个视觉焦点，开敞与围合空间视线分明，在设计上可以线性化设计，整体空间有良好的视觉位置体验（图6.21）。

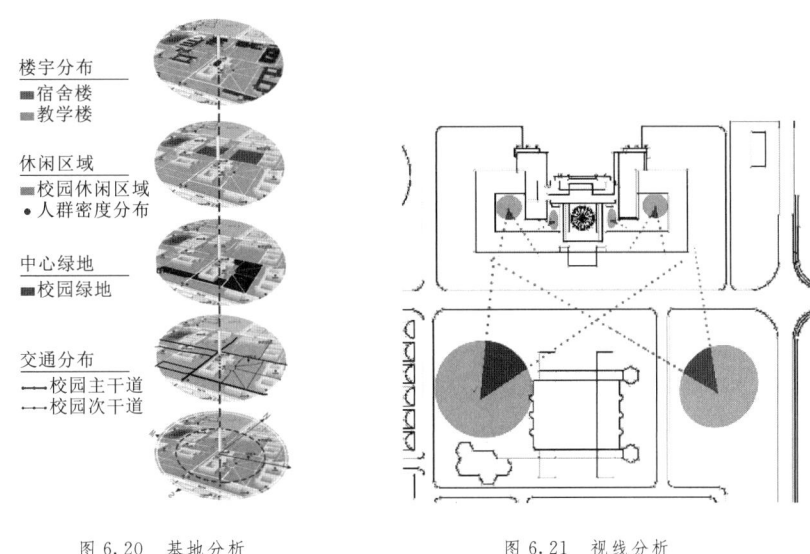

图6.20 基地分析　　　　图6.21 视线分析

6.6.6 客户人群与需求分析

设计从三方面开展问卷调查，即公共交流空间设置需求程度、顾客在空间中从事的事情、所需的服务流程与设计体现。通过对有共同利益和特征的客户群问卷调查统计，教师需求量为30%，从事课外课程辅导与同事交流，需要有软饮；学生需求量为65%，从事放松、阅读、小范围聊天，需要有软饮、光线、流动的风、植物、小资、打卡拍照、约会；清洁工需求量为5%，打水、看风景、乘凉。通过分析调查提取关键词，设计服务流程和方法与用户体验程序体验有了主线与辅线，通过需求对方案空间设计创新有了初步设计元素采集点（图6.22）。

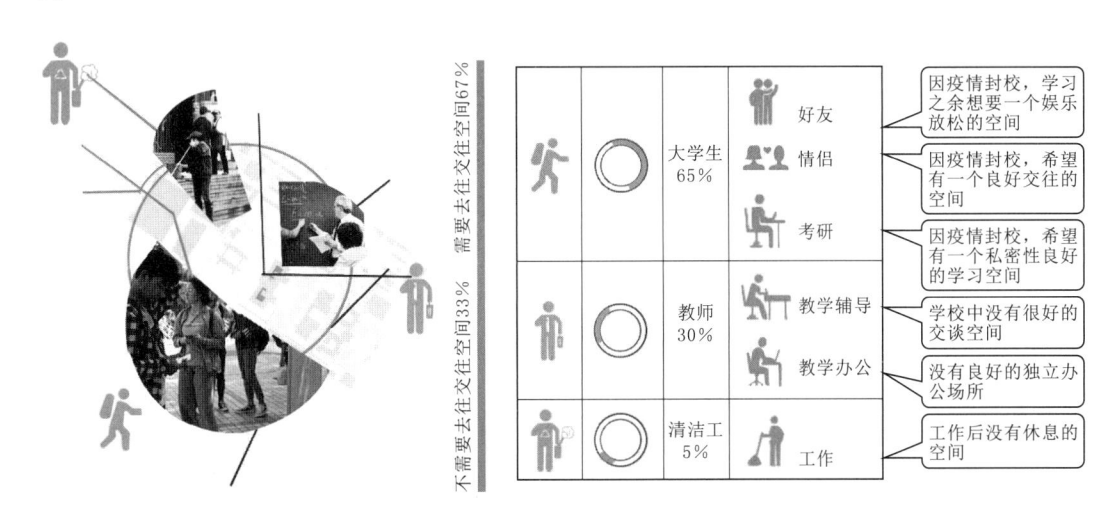

图6.22 客户人群与需求分析

6.6.7 人流量分析

人流量的统计方面，经过时间打点分析与问卷调查分析，每日 10：00—17：00 是人流高峰期，在提出应对服务时要考虑系统预约选座位流量的控制，并要考虑该时段网络反馈，充分做好网络流畅服务体验。进而提出在人流低峰时吸引顾客的思路，进而达到从空间体验到服务设计的全面体验（图 6.23）。

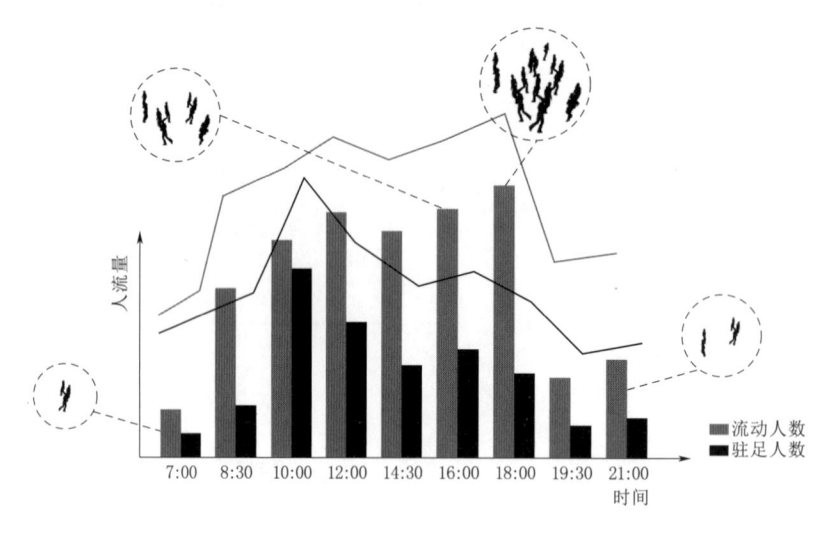

图 6.23 人流量分析

6.6.8 客户生活轨迹分析

因为各类人群的生活轨迹不同，所以要分析相同路径轨迹的人群。因此，在设计中把共性融入其中，让不同受众体验共同点。通过分析各类人群路径轨迹不同点，策划制定定制服务、特殊空间，让空间符合不同人群，尽量让各类人群在空间中都得到满意的服务设计与空间体验（图 6.24）。

6.6.9 设计概念的提出

设计概念是指导设计的主旨，也是设计体验元素发散点。让客户体验什么样的空间、体验什么样的空间元素是设计概念的重要作用。通过设计主题内容进行头脑风暴得到"快闪""阳光""交融""交互""解压""重生"等关键词。那么在后期空间设计中会通过空间设计创新、元素提炼应用把概念点贯穿到设计当中，让空间从形态到色彩到材质处处体现设计概念，使用户得到优质的空间体验与服务（图 6.25）。

概念的推导主要针对设计元素的进一步发散，通过对主题词"病毒"形态的拓扑，提炼出具体元素，从意向上、形态上规范设计，使空间处处有概念，设计主旨突出，让客户体会到设计主题。该方案中让"回归本真"达到回归，感受本真。同时概念当中要体现多变的色彩，

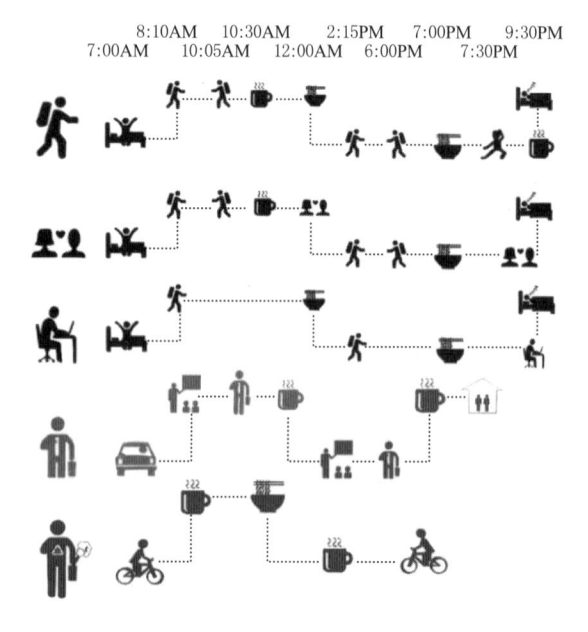

图 6.24 客户生活轨迹分析

色彩可以说直接影响观者的心理，传递的是一种心境。在空间中要体现色彩的变化，让用户从色彩中提高情绪、缓解压力（图6.26）。

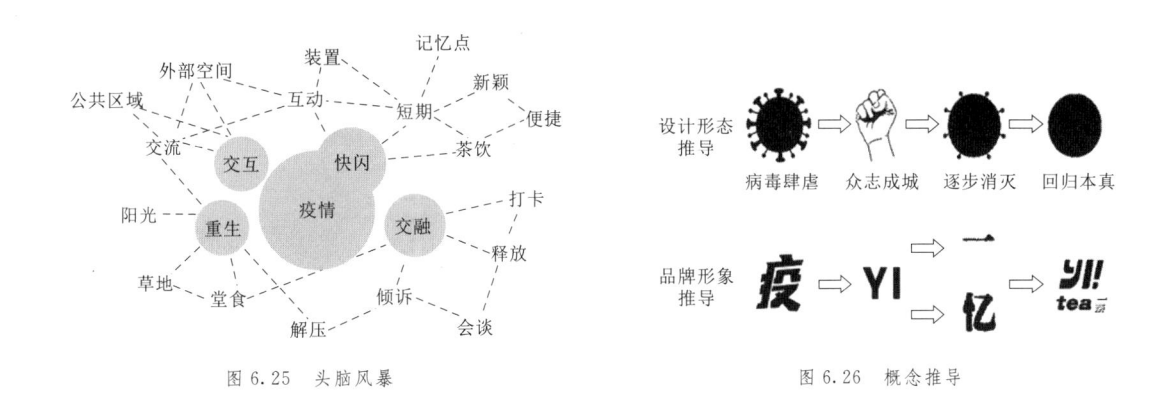

图 6.25　头脑风暴

图 6.26　概念推导

6.6.10　设计分析

1. 单体推演

通过设计概念的分析与疫情之后的生活交流方式变化推导出，方案以单体建筑空间模式设计，独立性强，不设聚集空间。单体空间相对独立，减少密集。同时设立半私密空间，加强户外空间功能性融合。单体推演进行相加相减的空间组织，推出最合理化的空间布局，让客户体验空间丰富变化、体验空间多样性（图6.27）。

单体推演的同时，植物与单体的关系同时需要分析。"阳光""绿色"是主题的要求，在满足单体互助的情况下，植物需配合单体起融合空间作用。让"阳光""绿色""清风"体现在建筑主体设计中，让建筑"回归本真"（图6.28）。

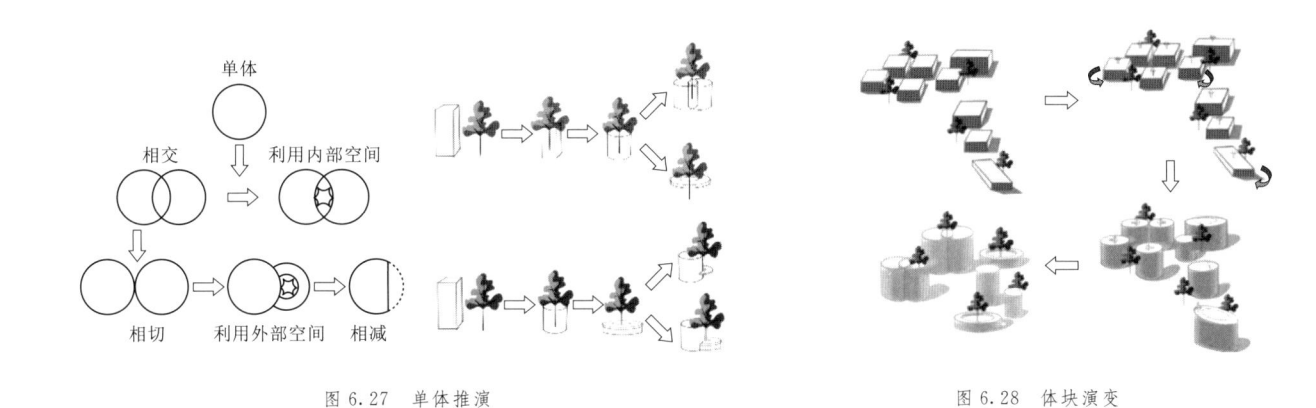

图 6.27　单体推演

图 6.28　体块演变

2. 布局推演

在确定单体多种组合方式之后，需要对整体布局依据基地平面图融入功能与局部人流路线体验的推演。布局如何能满足设计需求，让不同客户体验到别样布局是布局演变的重点，该方案中单体建筑最大化利用空间，使空间虚实结合、疏密相间、布局结构合理（图6.29）。

3. 单体平面布局形成

通过推演分析，平面布局与结合方式最终生成。最大的圆形单体直径为5米，最小的圆形单体直径为3.5米，同时相交单体生成，相交部分种植树木融合。单体分为三种形式，即密闭空间、户外单体空间和户外多人

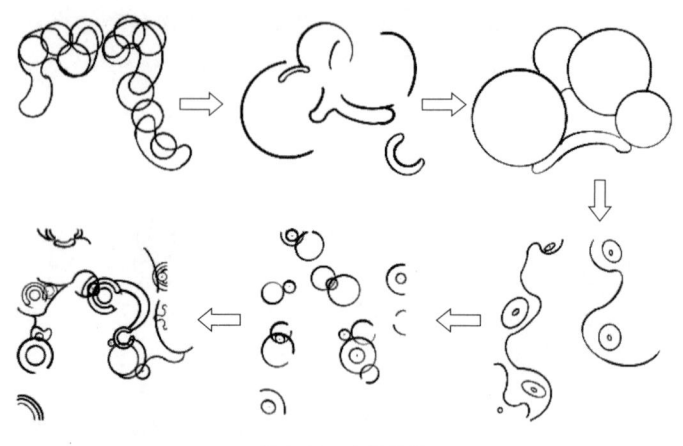

图 6.29 布局推演

空间。这样对有私密需求的用户，有相对独立空间需求的用户，加大户外休闲空间，达到通风与减少密闭空间。组合空间也分为三种，即单人密闭空间组合、多人密闭空间组合和密闭与密闭空间组合，所有组合都有树木的融合。通过组合拉近客户情感温度，虽然空间有物理分隔，但视觉有交融、有穿透性。同时以六类组合为标准，在总体布局中按照布局推演进行结合（图6.30）。

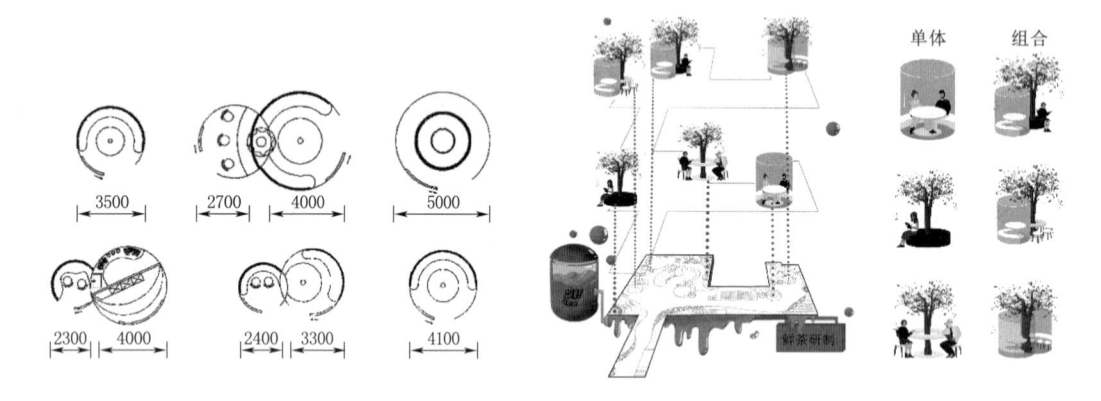

图 6.30 单体平面布局（单位：毫米）

4. 单体内部使用功能

单体内部采用变色玻璃增加空间通透性，内部有通风功能、加热功能。座椅下方有储物功能、有照明，同时有电源布置，满足客户常用需求（图6.31）。

5. 平面图生成

通过流线组织、动静关系布局安排、视点安排、轴线安排等最终平面布局生成。空间流线合理化设计能让客户享受到线性的流线组织，出入路线通畅并相互不干扰，使服务空间路线明确。同时私密与半私密空间划分符合客户需求，轴线上移步换景，使客户体验不同的空间结构与景观感受（图6.32）。

平面布局决定了设计体验第一感受，空间感受决定了设计第二感受，服务体验决定了设计第三感受，视觉感受决定了设计第四感受，气味感受决定了设计第五感受，这五项不是重要性的排列，而是先后顺序的排列。平面布局基本决定了客户设计体验基

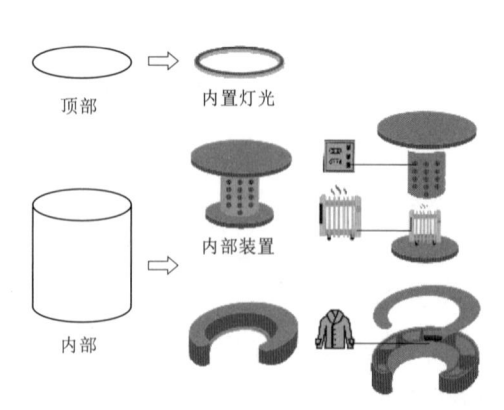

图 6.31 单体内部使用功能

116　服务设计与创新实践

调。该方案平面布局中，建筑单体组合，空间建筑组合群出现，私密性与半私密性的融合等是本次服务设计、体验设计的创新点。

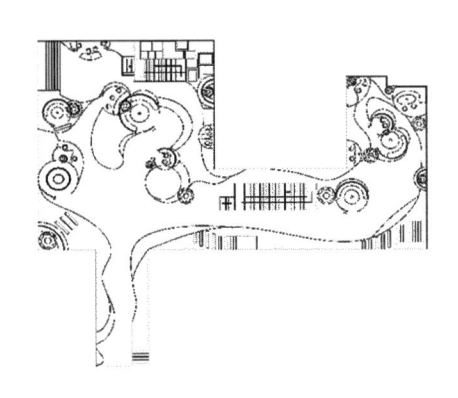

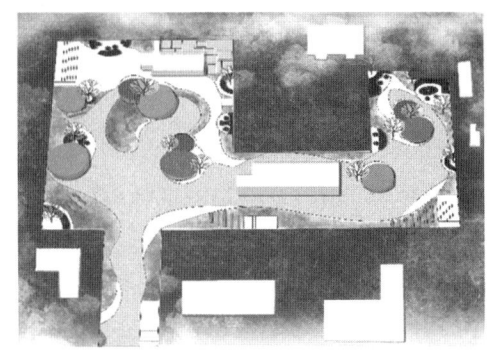

图 6.32 平面布局图

6. 人流动线分析

方案从主入口开始，有脚本，讲故事。在人流动线上让客户看什么，体验什么，看哪些区域，都进行了系统的空间布局安排，让客户体验不同的空间感受。本方案入口狭长，进行视线收缩，过渡平淡，设计内容平静（前奏），此阶段让客户收缩心情。通过狭长入口后就是流线第二视觉点，此时空间视觉豁然开朗，视野拓宽，使客户心情放松，感受宽阔空间带来的视觉享受与心理感受，起到先抑后扬的空间体验。同时有颜色多变的建筑、树木、有阳光、有灯光营造，在设计初期"抓住"客户对空间的心理需求。那么这里流线安排第一视觉看到服务空间、看到主题形象，从设计当中起引导流线作用。引导进入服务区域后，接下来是流线第三视觉点，引导到客户交流区域与休闲区域，这一区域是客户本次体验的主要节点，在这里会享受到所需要的空间与服务体验。同时会提供第四视觉点，客户在休闲区停留后，会提供院落景观体验，在南北轴线上可以散步、拍照，同时可引导进入卫生间。最后一流线节点，返回休闲区、返回到主入口，此时所有设计体验、需求体验、设计服务结束。整体已闭环式的人流路线给顾客明晰的设计体验，符合大学生这一群体的使用特点（图 6.33）。

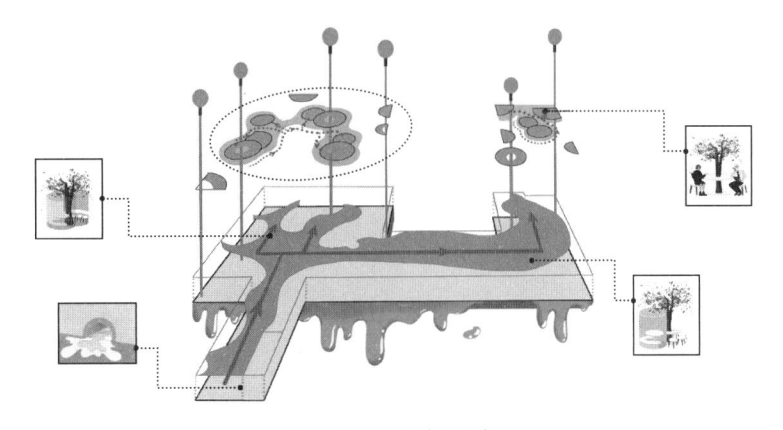

图 6.33 人流动线分析

7. 区域动静关系分析

流线组织好之后，要保证休闲区与活动区动静合理分割，区分出动态区域与静态区域。其中，静态区域要保证视觉、路线安排较为私密，让客户充分享受到相对独立的空间设计、服务体验。动态区域要保证空间气氛与空间界面的活跃性，让客户体验到相对愉悦的空间设计体验。动态区域与静态区域结合的地方需要做好过渡空间的设计体验，让两个区域通过设计手段自然衔接。空间动静结合相互关联，使客户取得良好的空间设计体验（图6.34）。

8. 使用功能分析

按照设计需求，方案将平面划分为五个区域，即公共活动区、室内休闲区、户外休闲区、服务区和绿化体验区。其中，服务区为整个区域提供入座安排、简餐服务、卫生服务、应急服务等；室内休闲区为有私密空间需求的人群提供安静、相对隐蔽空间的体验；户外休闲区满足体验户外休闲、感受阳光、微风、畅快交流的体验；公共活动区满足公共活动、交通疏散等作用；绿化体验区也是本次设计重点，"山得水而活，得草木而华"。有了绿色植物可以让客户体验自然、亲近自然，打破室内、建筑、景观壁垒，让空间融合起来，体味多元一体的空间设计（图6.35）。

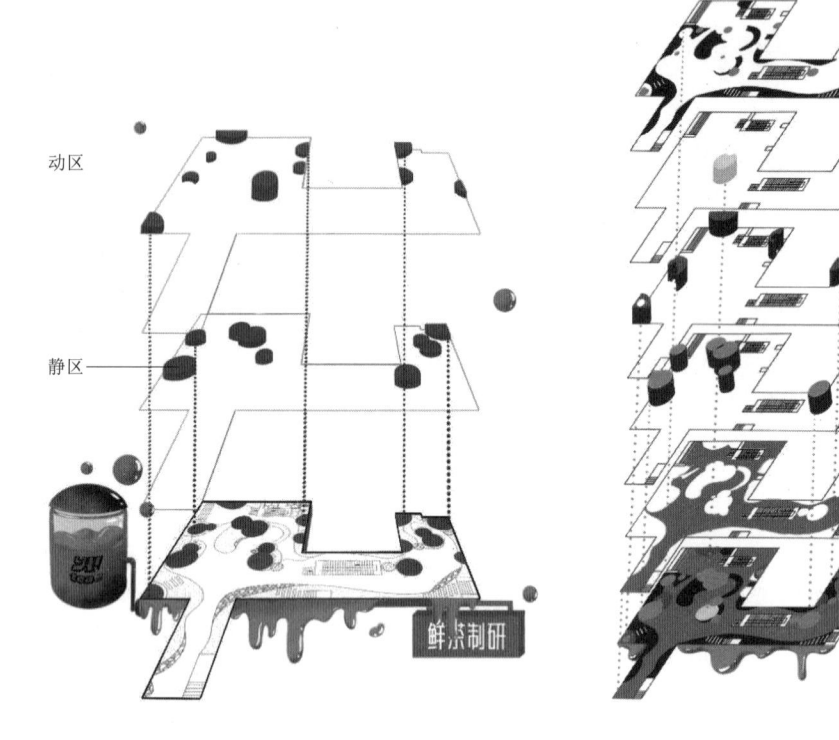

图6.34　区域动静关系分析　　　　图6.35　使用功能分析

9. 材质设计体验的影响分析

单体筒状建筑体的材质选择了可调节变光玻璃，其可以根据客户的需求氛围调色，也可以调成隐私状态。由于玻璃本身的通透性而表现出一种特有的透明感，在光的穿越和作用下使附着于玻璃上的色彩似乎浸润到了玻璃之中，让人觉得色彩斑斓，并且能与玻璃实体有非常自然的融合感。在光线的作用下许多原本难以调和的颜色，既保持了强烈的色彩个性，同时又能在色彩之间强烈的对比下形成一种和谐的色彩氛围。

玻璃的色彩对室内设计的视觉效果以及人们的生理和心理感受都有重要影响。玻璃对色彩的表现力和包容性是极大的，玻璃的美感离不开色彩的加入。光线通过玻璃的折射变得五光十色，光过滤和分解使玻璃呈现出不同的色彩风貌，使得很多色彩变得更加绚丽，更加有渲染力。玻璃的另一种特性是锐利、冷峻，但是给人纯净无瑕的感受。玻璃表现的情感体验也是其他材料达不到的，它具有其他材料不具有的拓展空间、视觉穿透感，能融合空间。玻璃这种特征属性使其具有了鲜明的情感传递的意象，令人情绪与空间能融入到一起。本方案通过玻璃的色彩表达情感和室内空间意象，在空间中玻璃的多色变换性被充分发挥，使空间整体轻盈、融合感加强，使客户最大化放松心情。

户外家具选择本色防腐木。首先，木质材质作为一种可再生资源，有着自然、无污染的特性，有天然亲和感，能拉近客户心理需求。其次，木材自然生长的美观的纹理和多变的颜色，运用不同的排列组合和搭配形式，加上木材的独特造型往往会获得非常好的空间效果。

整体铺装采用青石板，地面颜色"重"一些让空间下沉，让客户感受到踏实、安全感。青石板属于沉积岩类（灰岩），随着岩石埋深条件的不同和其他杂质如铜、铁、锰、镍等金属氧化物的混入，形成多种色彩，常用于园林中的地面、屋面瓦等。因其古朴自然，用于地面铺装上有返璞归真的效果。青石板取其劈制的天然效果，表面一般不经打磨，也不受力，纯天然无污染无辐射、质地优良、经久耐用、价廉物美。丰富的石文化底蕴又使其具备了极高的观赏价值，所以此材质特性用于设计当中，使客户能体会到自然的味道，有很好的亲近自然的体会（图6.36）。

10. 颜色提取分析

通过对色彩的研究，最终决定选用红色、黄色和蓝色作为整体设计的主要颜色。粉红色代表可爱、温馨浪漫，适合情侣约会等；黄色给人轻松愉快，充满希望和活力的感觉，适合伙伴交谈，聚会；蓝色代表天真、宁静，在这样的空间中更适合安静的学习与冥想。

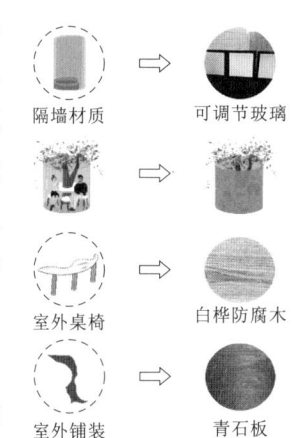

图6.36 材质分析

三原色为色彩中最原本的颜色，通过它们才可以调和出更丰富多彩的颜色。该方案将这三种颜色运用到整体设计上，寓意着生活回归本真，也寓意着生活的丰富多彩。

多变的色彩是最富表现力的符号之一，能缓解心理压力。因此，设计师将不同的颜色进行分割和组合，以创造出独特的艺术形式和审美价值（图6.37）。

11. 场景景观与色彩分析

因为地处北方，季节分明。春天树木新绿，夏天树木深绿，秋天树木暖黄，冬天颜色冷白。不同的季节有不同的体验感受，每个季节都可以调整筒体变色玻璃颜色，配合季节变化，让客户体验四季分明的交流空间。

该方案还可以根据天气调整筒体变色玻璃颜色，如阴天可以调整成暖色，让阴冷天气变得有色彩、有温度。夏日炎炎可以调整成冷色调，让空间从视觉上变的清凉。让顾客体验到多变的空间色彩，摈弃空间色彩单一，让空间色彩随心所欲，情景结合（图6.38）。

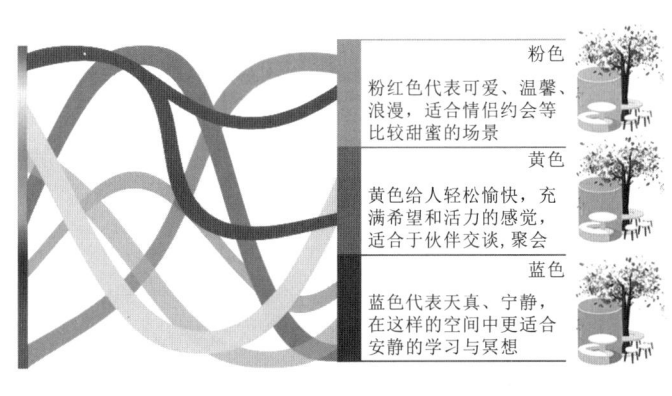

图6.37 颜色提取分析

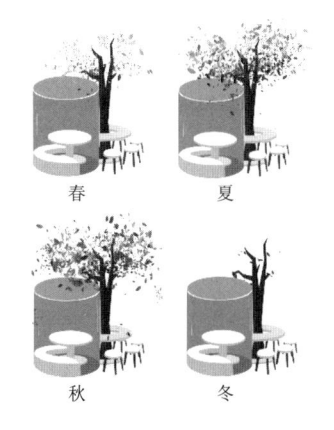

图6.38 场景景观与色彩分析

12. 绿化分析

该方案绿化率从原来的7%扩展到30%，让客户在休息区中体验室内外融为一体，模糊室内外的界限，让用户在休息区畅谈与学习中感受清风、感受花香、感受鸟语。同时，在植物的选择上以当地适应性植物为主。原则是植物开花、结果有交替性，使用户在不同时段感受不一样的色彩、不一样的景色（图6.39）。

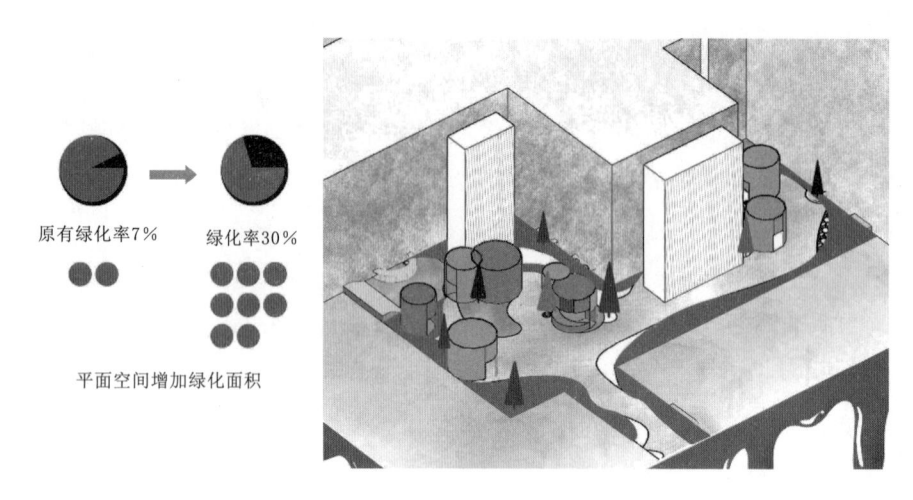

图 6.39　绿化分析

6.6.11　服务流程分析

为避免客流量大，空间体验感下降，本项目实行网络预约形式。流程为：首先，需要进行扫描二维码登录，可以记录实名制登录信息。其次，可以选择空间形式，根据需求选择室内还是户外空间，以满足个体需求体验。接下来是到店时间段的选择，之后是到店身份确认，接下来即可开启交流区域使用。在到店服务选项中还有导航设置与虚拟体验，提前感受空间场景。

1. 点餐服务流程分析

在休闲交流区域设置"软饮"服务。采用无接触式点餐、客户自主服务的策略，减少面对面服务所需的区域工作人员。尽量避免客流与服务流线相互影响，使客户安心、静心的使用空间（图6.40）。

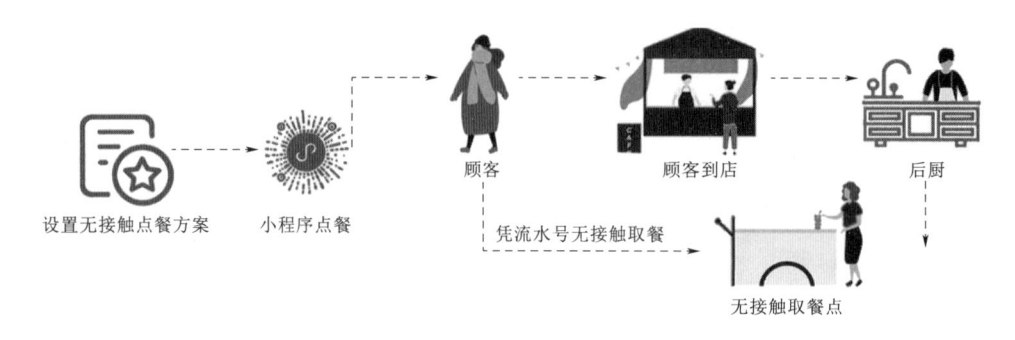

图 6.40　点餐服务流程

2. 场景选择服务

该项目设计创新之处在于可以选择情绪颜色适配。当大学生进入预约好的交流区域时，如果对现有的空间场景颜色不满意时，可以根据自己的心情与个人情绪自主选择筒体变色玻璃颜色。如心情特别好，则会推介一系列冷色系来调和心情，让心情趋于平静；如心情不好时，则会推介一系列愉悦的暖色系来提高兴奋度。当然

第 6 章 社会服务创新设计实践

这是系统匹配的颜色方案,顾客还可以调和颜色,选择符合自己性格的颜色。这样的设计使建筑、环境与自己的情感融合在一起,让没有感情的建筑元素与个人心情互动,让建筑元素与空间有温度、有情感,做到人性化设计服务体验(图 6.41)。

选择情绪　　　　　选择颜色　　　　　选择形式

图 6.41　场景选择服务

3. 体温管理服务

该方案中加入体温管理的体验服务。从学生进入交流区域便开始进入系统跟随与健康跟随。入口处会有温度识别,如发热会被系统提示,同时后台会有专人管理相关信息。如果温度偏高是无法打开预约座位——座位会有系统锁定功能,锁定之后椅子无法移动出座位。如果预约密闭空间,那么发热是无法打开门锁。如果在使用途中发热,区域当中检测到之后,筒状变色玻璃就会变成红色进行提示。温度越高颜色越红,这样便于工作人员及时处理,尽最大化保障区域的健康安全。以上所有数据均联网校医院,保证学校医院系统第一时间收到发热同学的信息,并及时处置。同时系统还有持续健康跟踪服务,保证同学们的健康。

此外,该活动区域还有心率监测、血压监控等常规监测。区域不仅是交流活动区,还是基础健康中心,多功能复合型空间,让客户有多重体验活动。所以该设计大量体现学科交叉,不仅仅将焦点放在空间体验与服务本身,而是包含人、技术、心理、商业的复杂系统交互体验(图 6.42)。

图 6.42　体温管理服务

4. 分析

(1) 服务区分析。服务区为整个场所提供预约、接待、点餐等服务。由于该区域功能相对较多,所以占地面积为整个园区之最。服务区按使用功能分为三个部分:第一部分为接待区,第二部分为制作区,第三部分为储藏与更衣区。其中,入口处服务区后方增加隔断,划分出操作间进行饮品初加工操作。后方灰色区域是储藏、员工休息、更衣区域,以满足服务人员的基本需求。

服务区位于核心区域,服务流线线性化,使用户能得到良好的服务体验。接待区域的服务,从接待到点餐、取餐,空间设计流线一气呵成。整体色彩搭配鲜艳、明快、视觉"张力"强,同时颜色甜美,给客户营造舒适、甜美的意境(图 6.43)。

图 6.43 服务区分析

(2) 入口处设计分析。方案入口处设计考虑原有图书馆的建筑设计整体性,所以没有进行大量的设计元素应用与空间营造。只是在地面上进行颜色喷涂处理,整体形态提取奶茶杯里的奶茶自然流淌。这样设计有了外延性,起到吸引客户的作用,而且喷涂的形态以圆润的自由形进行组合,轮廓线一气呵成,自然、容易接受。喷涂的颜色为白色与灰色,对原有道路整体性影响不大。入口立面用暖色喷涂门洞,起到强调入口的作用。入口进入之后客户要通过一个狭长的过渡性通道,通道内空间设计元素简单、色彩简单,起到减少停留、加速通过作用。在设计安排上巧妙利用通道起到视觉收缩作用,利用先抑后扬的设计手法,通过通道之后进入休闲区,此时空间豁然开朗,视野开阔,让顾客体验空间变化产生的心理体验。

入口处的设计手法使客户得到一种邀请感,让人产生好奇心,愿意去探索,进入其中后能让每个人都打开自己的感官,这是设计体验的第一部分。这就像打开一本书,能让你进入另一个世界,也是设计序列"起""承""转""合"的"起"和"承"部分,这两部分是客户对空间体验的第一印象,也是设计重点表述之处(图 6.44)。

图 6.44 入口处设计分析

(3) 入口服务区域设计体验分析。此区域是视觉经过通道压缩后的第一视觉区域。此时设计开阔,各种颜色的"筒状"建筑空间交织与原有庭院、植物形成相互渗透且充满乐趣的学习、交流环境。流动的平面布局结合多样休闲区的布置，使公共交流空间不再传统刻板，创建方便多样的室内外交往场所，在植物的掩映下室内外融为一体，客户可以在此读书、交谈、感受时间交替、洞察四季变化。这种无缝切换的室内外空间为新一代大学生创造一个适合心理需求的空间，同时感受设计带来的心理需求服务。这部分中心要素视觉识别性强，整体服务流线明确、交通路线明确，并能点对点完成接待、分流客户、点餐等服务主张，是设计服务过程中重点关注区域（图6.45）。

（4）阅读区域设计体验分析。通过服务台分流之后，进入属于自己的空间。这部分设计让大家体验玻璃与色彩交融的空间变化，玻璃、色彩、光影、灯带、植物的巧妙组合应用，通过光影与色彩调节的对比，及艺术玻璃变幻莫测的不同反射原理，让人行走其中感受与探索色彩的乐趣。空间借用形与色、光与影，创造出一种多维空间的沉浸式体验。本次变光玻璃的应用也体现光和玻璃相互作用，体验光线被折射和反射之后，形成一种新的视觉现象和视觉审美，或与通透效果结合传达出一种意象之美。变光玻璃的运用让空间层次丰富，而"筒内"与"筒外"空间也产生了相互延续的空间形态。玻璃"筒"的色彩视觉穿透与光线错位的效果，表现出虚实、冷暖的不同变化，给大家带来梦幻般的意境体验（图6.46）。

图6.45　入口服务区域设计体验分析　　　　　图6.46　阅读区域设计体验分析

（5）开放阅读区设计体验分析。开放阅读区为满足需要，通过开放交流区与私密交流区相互结合产生"虚""实"结合的关系，使空间多样性的层次感加强。从而促进了个人与公共空间的相互交流，使室内与室外、庭院和房子、私人空间与公共空间的界限被模糊了，体现了空间共生的设计体验。

开放阅读区虽说空间开放，但在地面铺装上却用不同材质进行区域范围划分，使顾客心理与视觉感受有了区域与范围的界限。两组区域之间都以树木穿插，最大化让顾客体验自然环境。该区域尽量从客户角度出发，将设计与服务做到有足够的细节又要使每个人便于理解和操作的服务体验（图6.47）。

（6）主要空间设计体验分析。在该区域内，阳光从不同方向被引入空间，人们可以察觉到空间氛围在一天当中随时间的变化而产生的空间体验。时间的变化为光影带来无限可能，打破空间的定格，为空间创造了深度。当人们置身于该空间时，光线透过玻璃建筑似乎与时光一起猝不及防的流过，给客户带来几分多变空间的安静，使人愿意驻足停留。国槐与花卉相间，相互掩映，使空间盎然生机（图6.48）。

（7）玻璃休闲区设计体验分析。该区域是较为私密的空间，在围合的玻璃体内不仅有交流、学习功能，还能进行"场景选择服务"，根据心情、喜好更换玻璃颜色。

整个设计简约又清晰，使半透明变色玻璃墙体在保证私密性的同时也不阻断与外界的联系。在光线的强渗透性被过滤并透射到室内，整个空间仿佛沉浸在一片特定的气氛中，室外的景观与室内人们的视线被潜移默化的链接，内外空间界限在视觉上变得模糊而柔和。

单体内部洒落的光线与室内的灯光不期而遇，光线的丰富层次为空间增添了几分灵动与张扬。整体设计让空间视觉流动，功能方面宜动宜静、动静结合，给大家放松身心交会攀谈学习的场所（图6.49）。

图6.47　开放阅读区设计体验分析

图6.48　主要空间设计体验分析

图6.49　玻璃休闲区设计体验分析

（8）整体设计分析。该方案分为两个区域，一个是主要区域与主入口联通，是一个半动半静区域，另一个区域是私密空间。方案由一个主入口和三个次入口构成，流线较为复杂。

由于基地现状的限制与空间结构的不完善，设计通过独特的布局方式巧妙化解了各种不利因素。在解决原建筑（图书馆）的基本功能的基础上利用闲置空间并植入一个新的维度，使之与既有的图书馆功能空间碰撞、交融，创造出无限的使用功能和空间潜力，以应对未来学校师生对公共交流空间的发展需求，为师生提供一处智能化的公共交流空间。在该空间不仅能享受到富有个性化的空间设计服务体验，还能享受到智能系统的服务流程体验（图6.50）。

图6.50　整体设计分析

(9) 文创设计分析。文创方面的设计思路遵循设计概念。在文字形象的提炼过程中，以"疫"为元素进行思维发散，推导出拼音"YI"再次解构寓意"万众一心""深刻记忆"表达抗疫的决心与疫后永久的回忆，所以取"一""忆"最终提炼出形象。在色彩方面与设计主题"多变的色彩"相统一，以暖色系为主色调，让设计充满温暖的感觉。同时，整体设计以校园学生为主，在前期问卷调查得出诸多结论，所以整体设计符合年轻人的设计需求（图 6.51）。

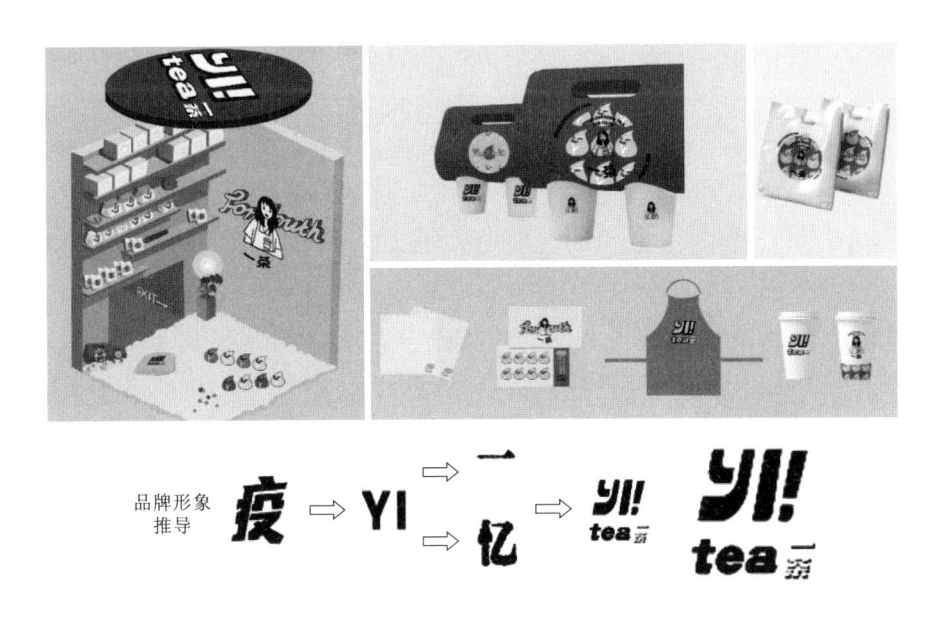

图 6.51　文创设计

6.6.12　设计总结

该方案以校园"灰空间"、"碎片"化空间再生、信息化时代背景下的大学生需求为背景，进行校园公共交流区整体的系统化服务设计思考。设计服务不仅要让客户体验空间，包括景观空间体验、建筑空间体验、室内空间体验，还包括服务流程方式、体验模式、服务的包容性、可持续设计等综合性思考。

基于以上思考提出解决问题的思路，策划出设计服务体验路径，并提出以下几方面设计主旨：

(1) 系统化无接触服务设计，空间区域划分独立体验，交通流线线性化、服务系统智能化、体温追踪可视化等。

(2) 情绪可视化管理空间，私密空间与半私密空间的自主选择体验，空间体验一体化，建筑、景观、室内互溶性体验。

(3) 基地选址可持续性利用。

(4) 空间色彩季节性调节、自主可控性调节、温度识别性调节，让空间设计体验情景化、空间感受多元化等。

方案从设计观、设计理论模式、设计方法和技术手段等几个层面进行系统分析，制定出完善的设计思路与设计方法、服务流程。

思考题

1. 社会服务的概念是什么？一般包括什么内容？
2. 新型社会服务体系的"新"主要体现在哪两个方面？

3. 发展社会服务有哪些现实意义?
4. 社会服务创新项目主要作用是什么?应如何开展?
5. 在公共交流空间中如何策划服务设计?有哪些方法?
6. 如何提炼设计元素并很好地融入服务设计中?
7. 结合理论部分思考环境设计中应如何开展服务设计?

参考文献

[1] 陈嘉嘉. 服务设计基础 [M]. 南京：江苏凤凰美术出版社，2018.

[2] 黄蔚. 服务设计 [M]. 北京：机械工业出版社，2020.

[3] 张晴，娄明，刘洋，等. 服务设计视角下乡村旅游创新研究 [J]. 包装工程，2022，43（2）：192-199.

[4] 罗仕鉴，邹文茵. 服务设计研究现状与进展 [J]. 包装工程，2018，39（24）：43-53.

[5] 胡莹. 服务设计概念衍生阶段的反思型设计 [D]. 长沙：湖南大学，2014.

[6] 胡飞，李顽强. 定义"服务设计" [J]. 包装工程，2019. 40（10）：37-51.

[7] 王展. 基于服务蓝图与设计体验的服务设计研究及实践 [J]. 包装工程，2015. 36（12）：41-44.

[8] 辛向阳，曹建中. 定位服务设计 [J]. 包装工程，2018，39（18）：43-49.

[9] Ham Seung Hee, Park Namkwun, Lee Jun. A Study on the improvement for response manual of chemical terror incident using the service design analysis [J]. Journal of the Society of Disaster Information, 2018, 14 (3)：55-70.

[10] Shim Soo Yeon, Kim Seung In. A study on User Experience for Home Appliances Experience Service Design [J]. Journal of Digital Convergence, 2020, 18 (2)：35-44.

[11] Joe Marquez, Annie Downey. Service Design：An Introduction to a Holistic Assessment Methodology of Library Services [J]. Weave：Journal of Library User Experience, 2015, 1 (2). 53-60.

[12] Struwe Sascha, Slepniov Dmitrij. Conflict by design and why institutions matter in service design：A case of a German Creative Agency in China [J]. Journal of Business Research, 2021, 130：124-136.

[13] Seligman James. Customer Experience Management：Service Design and Delivery [M]. Taylor and Francis, 2018.

[14] 曲延春，阎晓涵. 晚年何以幸福：农村空巢老人养老困境及其治理 [J]. 理论探讨，2019 (2)：172-176.

[15] 袁丽蓉，王丽锟. 农村老年人的居家养老服务需求分析——基于河北省的抽样问卷调查 [J]. 经济研究参考，2017 (62)：34-39.

[16] 葛延风，王列军，冯文猛，等. 我国健康老龄化的挑战与策略选择 [J]. 管理世界，2020. 36 (4)：86-96.

[17] 顾昕. "健康中国"战略中基本卫生保健的治理创新 [J]. 中国社会科学，2019 (12)：121-138，202.

[18] 郭风，于帆. 基于可持续理念的养老社区服务创新设计 [J]. 包装工程，2019. 30（4）：203-208.

[19] 李亚军,周明,赵祎乾,等. 基于ERG需求的社区＋居家一体化养老服务模型构建[J]. 装饰,2019(10):100-103.

[20] 唐艺. 人口老龄化视域下的老人身心需求研究与建议——基于ERG理论模型分析[J]. 南京艺术学院学报(美术与设计),2020(3):157-164.

[21] 郭佳钰,冯丹,侯惠如,等. 我国农村地区医养结合服务的现状分析[J]. 卫生软科学,2021,35(2):28-32.

[22] 郑吉友,娄成武. 我国农村医养结合型养老服务体系构建研究[J]. 改革与战略,2021,37(2):35-42.

[23] 陈朝杰,贺奕,郑康杰,等. 面向社群协作的社区老龄幸福感服务创新设计[J]. 包装工程,2020,41(14):92-99.

[24] 王维. 农村养老服务体系的整合与多元建构[N]. 中国人口报,2020-06-12(3).

[25] 胡善平,孙秋峰. 基于大数据视角的互联网＋常态下社区居家养老服务工作的机制创新研究[J]. 老龄科学研究,2017(9):49-60.

[26] 张昊,徐元善."互联网＋"农村智慧互助养老新模式研究[J]. 电子商务,2020(2):19-20.

[27] 窦金花,覃京燕. 智慧健康养老产品适老化设计与老年用户研究方法[J]. 包装工程,2021,42(6):62-68.

[28] 陈敏,刘燕. 浅谈音乐对阿尔茨海默病的治疗作用[J]. 中医临床研究,2015(24):34-35.

[29] 刘双武. 阿尔茨海默病患者睡眠障碍与精神行为症状相关性分析[D]. 济南:山东大学,2016.

[30] 李浪辉,黎海珍,覃金玲,梁萧,等. 中医药治疗阿尔茨海默病[J]. 中医临床研究,2014(6):91-94.

[31] 焦文菊. 老年痴呆患者并发脑梗死所致谵妄32例临床特征分析[J]. 中国医药指南,2015(20):19-20.

[32] 佳慧,李素霞,董问天,等. 难治性抑郁症治疗的研究进展[J]. 中国神经精神疾病杂志,2014(3):189-192.

[33] 徐燕,赵裕民. 音乐治疗——老年痴呆康复的一种好方法[C]. 中国音乐治疗学会二十周年会庆暨第九届学术年会,2010.

[34] 丽纯,刘燕. 音乐治疗对老年痴呆症患者的干预效果[J]. 中国老年学杂志,2017,37(5):1215-1216.

[35] 美珍. 老年痴呆患者的精神护理及家庭康复护理支持分析探讨[J]. 中国民康医学,2014(3):110-111.

[36] 保兰. 阿尔兹海默症非药物性护理干预新进展[J]. 黄冈职业技术学院学报,2015(6):125-128.

[37] 钟丽萍. 精神护理和家庭支持护理在老年痴呆患者中的临床研究[J]. 数理医药学杂志,2015(6):917-918.

[38] 辛向阳. 混沌中浮现的交互设计[J]. 设计,2011(2):45.

[39] 吴琼. 信息时代的设计伦理[J]. 装饰,2012(10):32-36.

[40] 孙辛欣,靳文奎. 移动应用中的情感交互设计研究[J]. 包装工程,2014(14):51-54.

[41] 何章,胡为民. 阿尔茨海默病的治疗现状及研究进展[J]. 中西医结合心脑血管病杂志,2014,12(9):1129-1131.

[42] 林豆豆,马红梅,陈畏兵. 阿尔茨海默病照顾者负担影响因素的研究现状及进展[J]. 中国医药导报,

2017, 14 (1): 40-43.

[43] 徐瑾, 李燕琼. 国内外阿尔茨海默病研究文献对比分析 [J]. 医学信息学杂志, 2016, 37 (11): 55-59.

[44] 丁昊鹏, 杨文明. 阿尔茨海默病早期诊断的研究进展 [J]. 中国实用神经疾病杂志, 2017, 20 (18): 110-113.

[45] 杨文, 郑加平, 耿洋, 等. 不同程度阿尔茨海默病患者生活能力和记忆损害特点及其氢质子磁共振波谱的比较 [J]. 安徽医药, 2018, 22 (7): 1315-1320.

[46] 胡维维, 冯美江. 阿尔茨海默病音乐治疗研究进展 [J]. 实用老年医学, 2017, 31 (5): 416-418.

[47] 刘飞飞. 阿尔茨海默病运动处方治疗研究进展 [J]. 当代体育科技, 2017, 7 (19): 2.

[48] 管细红, 李博, 李素珍. 怀旧疗法对阿尔茨海默症患者认知功能及生活质量的影响 [J]. 护理学报, 2016, 23 (11): 66-68.

[49] 兰震天. 基于服务设计理念的果汁店服务流程优化 [J]. 智库时代, 2019, (19): 248, 250.

[50] 郭媛媛. 防治老年人阿尔茨海默症的情感关怀交互产品设计研究 [J]. 包装工程, 2018, 39 (24): 210-214.

[51] 许世虎, 刘昊. 人性化选择因素与产品创新 [J]. 机械设计, 2014, 31 (2): 121-123.

[52] 李银辉. 老年人电视社交应用界面设计研究 [D]. 长沙: 湖南大学, 2015.

[53] 汤繁稀. 人性化的老年人保健食品包装文字设计与规范研究 [D]. 南昌: 南昌大学, 2015.

[54] 乔莎莎. 家庭娱乐终端交互设计研究 [D]. 广州: 华南理工大学, 2015.

[55] 肖建. 老年心理学 [M]. 北京: 中国社会出版社, 2009.

[56] 张晶, 刘纯燕. 退休老年人心理需求及应对措施的研究进展 [J]. 护理研究, 2007 (29): 2650-2652.

[57] 周晓燕. 基于人性关爱城市家庭老年群体卫浴产品研究与设计 [D]. 北京: 北京理工大学, 2015.

[58] 唐燕. 玩具对于缓解老年人孤独心理的可行性研究 [D]. 天津: 天津科技大学, 2017.

[59] 尹建国. 老年人认知、情绪心理特点刍议 [J]. 胜利油田师范专科学校学报, 2003 (2): 84-85.

[60] 罗仕鉴. 用户体验与产品创新设计 [M]. 北京: 机械工业出版社, 2010.

[61] 李少华. 防治阿尔茨海默症 [J]. 集邮博览, 2013 (1): 70.

[62] 吕似玮, 徐雯君, 董轩, 等. 基于人口老龄化的多元养老模式研究 [J]. 市场周刊 (理论研究), 2016 (3): 117-120.

[63] 曹孙玫. 老年人娱乐产品的设计研究 [D]. 上海: 东华大学, 2007.

[64] 许学良. 老年体育对丰富老年人的精神文化生活提高老年人生活质量的作用 [C] //中国老年人体育协会. 纪念中国老年人体育协会成立三十周年征文活动作品集. 中国体育科学学会, 2013 (2): 387-388.

[65] 孟珊珊. "互联网+养老" 在我国的可行性分析 [J]. 赤峰学院学报 (自然科学版), 2016 (8): 127-129.

[66] 通晓. 温情"黄手环"彰显大关爱 [N]. 张家口日报, 2015-12-11 (1).

[67] 杨娟. 老年人玩具的新性设计研究 [D]. 济南: 山东轻工业学院, 2012.

[68] 邓安华. 一种应当引起重视的心理病症——退休综合症 [C]. 上海市退休职工管理研究会 2014 优秀论文选集, 2014: 159-166.

[69] 王育忠. 关注老年人心理健康提高老年人生活质量 [C] //福建省老年学学会. 老龄问题研究论文集

(十四). 福建省老年学学会, 2010: 125-133.

[70] 石园, 吴海平, 张智勇, 等. 人因工程下不同养老模式的适老化设计研究 [J]. 中国老年学杂志, 2016 (4): 987-991.

[71] 孙慧慧. 基于用户体验的中老年手机交互界面设计 [C] //UXPA 中国. User Friendly 2014 暨 UXPA 中国第十一届用户体验行业年会论文集. UXPA 中国上海优帕会展有限公司, 2014: 104-110.

[72] 曹祥哲. 论当代"人道主义"工业设计观——谈为弱势群体进行产品设计 [C]. 中国创意设计年鉴论文集 2012, 2013: 11-14.

[73] 陆泉. 应对老年人弱势特征的家电需求分析 [J]. 包装工程, 2015, 36 (6): 81-82.

[74] 胡炜. 重新理解老龄化与法律——《我国人口老龄化问题的法律应对研究》评析 [J]. 社会科学动态, 2018, 17 (5): 129-130.

[75] 马琰, 林伟, 张明晖. 优质护理对阿尔兹海默症患者认知功能障碍及生活能力的效果 [J]. 中国医药导报, 2018, 15 (4): 156-159.

[76] Ballard C, Hanney-M L, Theodoulou M, et al. The dementia antipsychotic withdrawal trial (DART-AD): long-term follow-up of a randomised placebo-controlled trial [J]. Lancet Neurology, 2009, 8 (2): 151-157.

[77] 刘欣艳, 刘闻莺, 余雪君, 等. 营养状况与阿尔兹海默病的相关性研究 [J]. 中国医药导报, 2014 (18): 62-65.

[78] Clare L. S2-04-02: Non-pharmacological therapies in Alzheimer's disease: A systematic review of efficacy [J]. Dement Geriatr Cogn Disord, 2010, 30 (2): 161-178.

[79] 李姿, 梁燕仪, 陈谊. 认知功能训练对轻度阿尔茨海默病患者认知能力的影响 [J]. 老年医学与保健, 2013, 19 (2): 119-121.

[80] 赵艾伦, 李哲敏. 阿尔兹海默症患者与音乐治疗 [J]. 中国健康心理学杂志, 2018, 26 (1): 155-160.

[81] 高天, 王茜茹. 国外音乐治疗在老年痴呆症中的研究与应用 [J]. 医学与哲学, 2007, 28 (11): 17-21.

[82] 许飞. 基于用户体验的老年人手机 App 界面设计研究 [J]. 设计, 2018, 295 (16): 135-137.

[83] 江芳辉. 应用整体护理干预老年痴呆患者认知功能的效果分析 [J]. 护士进修杂志, 2014 (8): 721-723.

[84] 于米娜, 申维娜, 于丽娜. 浅析我国人口老龄化问题 [J]. 价值工程, 2013, 32 (10): 293-294.

[85] Yu Mina, Shen Weina, Yu Lina. A Brief Analysis of China's Population Aging [J]. Value Engineering, 2013, 32 (10): 293-294.

[86] 柳静怡. 老年人社区服务系统的实现设计 [J]. 设计, 2017 (4): 120-122.

[87] 贾萍. 优化上海市松江区社区养老服务质量的研究 [D]. 上海: 上海工程技术大学, 2014.

[88] 本刊课题组, 虞冬青, 田生, 等. 社区——养老的支点与抓手 [J]. 天津经济, 2013 (10): 30-37.

[89] 王静. 我国养老服务社会化供给中政府角色研究 [D]. 青岛: 中国海洋大学, 2010.

[90] 冯茜. 社区老年网络互助平台设计研究 [D]. 重庆: 四川美术学院, 2018.

[91] 邢芙蓉. 积极老龄化视角下社区互助养老模式的构建 [J]. 现代营销, 2019 (3): 24-25.

[92] 姜向群, 郑研辉. 社区养老服务的供需失衡问题及对策研究——以北京市为例 [J]. 社会建设, 2015 (4): 67-76.

[93] 赵晓征. 日本养老政策法规及老年居住建筑分类 [J]. 世界建筑导报, 2015 (3): 27-29.

[94] 曹孙玫. 老年人娱乐产品的设计研究 [D]. 上海: 东华大学, 2007.

[95] 联合国人口基金资助课题《"十三五"社会养老服务体系建设投资优先领域研究》课题组."十三五"养老服务体系建设投资问题分析与建议[J]. 中国经贸导刊, 2016 (1): 72-75.

[96] 陈友华, 吴凯. 社区养老服务的规划与设计——以南京市为例[J]. 人口学刊, 2008 (1): 42-48.

[97] 李学斌. 我国社区养老服务研究综述[J]. 宁夏社会科学, 2008 (1): 42-46.

[98] 宁家骏. "互联网+"行动计划的实施背景、内涵及主要内容[J]. 电子政务, 2015 (6): 32-38.

[99] 李冬, 明新国, 孔凡斌, 等. 服务设计研究初探[J]. 机械设计与研究, 2008 (6): 6-10.

[100] 雅各布, 马克. 服务设计思维[M]. 郑军荣, 译. 南昌: 江西美术出版社, 2015.

[101] 周静. 老年人产品设计开发原则的研究[J]. 包装工程, 2008 (7): 145-147.

[102] 傅恋群, 王国胜. 服务设计与产品服务系统[J]. 工业设计, 2016 (5): 63-64.

[103] 王国胜. 服务设计的文化维度[J]. 包装工程, 2017, 38 (4): 7-10.